Anton Marx

Hülfsbüchlein für die Aussprache der lateinischen Vokale in positionslangen Silben

Anton Marx

Hülfsbüchlein für die Aussprache der lateinischen Vokale in positionslangen Silben

ISBN/EAN: 9783743697539

Hergestellt in Europa, USA, Kanada, Australien, Japan

Cover: Foto ©Andreas Hilbeck / pixelio.de

Weitere Bücher finden Sie auf **www.hansebooks.com**

Hülfsbüchlein

für die

Aussprache der lateinischen Vokale in positionslangen Silben

von

Anton Marx.

Mit einem Vorwort von Franz Bücheler.

Wissenschaftliche Begründung der Quantitätsbezeichnungen in den lateinischen Schulbüchern von Hermann Perthes.

BERLIN,
Weidmannsche Buchhandlung.
1883.

Vorwort.

Im vorliegenden 'Hülfsbüchlein' erscheint nach mehrfacher Verzögerung die schon im Jahre 1874 von Herrn Geh. Hofrat Dr. Perthes im Vorwort zur lateinischen Wortkunde für Sexta angekündigte wissenschaftliche Rechtfertigung der Angaben über die natürliche Quantität der lateinischen Vokale in positionslangen Silben, welche Dr. Gustav Loewe sowohl in den beiden ersten Kursen des genannten Schulbuchs als auch in der lateinischen Formenlehre des Herrn Perthes durchgeführt hatte. Der ebenda in Aussicht gestellte Aufsatz Friedrich Ritschl's findet sich als Sendschreiben an Herrn Perthes im Rheinischen Museum für Philol. N. F. XXXI (1876) S. 481 = Opuscul. IV S. 766 ff. Herr Loewe war leider durch seine mehrjährigen wissenschaftlichen Reisen im Auslande und andere Geschäfte verhindert die in jenem Vorwort für einen naheliegenden Zeitpunkt versprochene Zusammenstellung wissenschaftlicher Nachweise auszuarbeiten. Unter diesen Umständen wandte sich Herr Perthes im Einverständnis mit Herrn Loewe an mich, und ein ehemaliger Zögling des Bonner philologischen Seminars, der sich auch mit romanischen Sprachstudien beschäftigt, Herr Anton Marx zur Zeit in Sigmaringen, ließ sich bereit finden, jene Arbeit zu übernehmen.

Für die grammatische Erkenntnis, für die richtige Würdigung der dichterischen und rednerischen Litteratur ist die richtige Aussprache ein wesentliches Erfordernis. Wohl jeder Lehrer des Lateinischen achtet heute darauf, daſs $ŏvĭs$ und $ōvīs$, daſs der Gen. Sing. *timentis* vom gleichgeschriebenen Acc. Plur. geschieden werde. Ob auf den Vokal ein oder mehrere Konsonanten folgen, ist wie an sich so für die didaktische Forderung, die wir stellen, gleichgiltig, und wer möchte nicht gerne, einmal darauf aufmerksam gemacht, auch die lautliche Unterscheidung, wie sie bei den

Alten bestand. von lĕctus λέκτρον und lēctus 'gelesen' annehmen und festhalten? Gleich zu Anfang, mit dem ersten Unterricht wird sich die Orthoepie mit nicht viel mehr Schwierigkeit durchsetzen lassen, als uns seiner Zeit die Erlernung falscher Aussprache gemacht hat: *adeo in teneris consuescere multum est.* Gehen die Lehrer mit gutem Beispiel voran, so folgen die Schüler nach, und wenn es vermessen ist vom lebenden Geschlecht die vollkommene Reform zu erwarten, so kann doch der Weg gebahnt werden, auf dem das kommende Geschlecht weiter gehen wird.

Freilich ein grofses Hindernis stellt sich uns entgegen, mifslich seiner Natur nach, noch mifslicher, weil es denen welche in der alten Bahn beharren wollen oder aus welchem Grunde immer der Besserung widerstreben, die bequemste Ausrede darbietet. Es mufs zugestanden werden, dafs wir zur Zeit nicht im stande sind für jeden Vokal vor Doppelkonsonanz die Quantität mit völliger Sicherheit zu bestimmen. Die Quellen unserer Kenntnis reichen hierzu kaum aus. Wir benutzen die ausdrücklichen Zeugnisse alter Grammatiker und anderer Schriftsteller, die Zeugnisse welche die lat. Inschriften darbieten durch Vokalverdoppelung seit der Gracchen-, durch das verlängerte *i* seit Sullas, durch die Apices seit Cäsars Zeit. weiter die griechische Umschrift lateinischer Worte, in der die Scheidung von ε und η, von ο und ω, ει für ī und der Accent uns helfen, wir schliefsen aus der Etymologie eines Wortes und aus den Formen in welchen es in den romanischen Sprachen fortlebt (*villus* weil it. *velluto* franz. *velours* u. a., *villa* weil *i* blieb), wir schliefsen aus Analogien wie dafs *noster* gebildet ist gleich *voster*, hier aber *o* kurz war wegen des Überganges in *vester* u. s. w. Auf diese Weise hat Hr. Marx das Büchlein zusammengestellt; es schien zunächst wichtiger dafs die richtige Quantität vermerkt und Lernbegierigen hierüber glaubhafte Auskunft gegeben, als dafs um der Kenner und Kritiker willen die Belege und Beweise gehäuft oder vervollständigt würden; namentlich in den ersten Buchstaben kann allerhand nachgetragen werden schon aus *Ioannis Meursi glossarium graecobarbarum* (Leiden 1610), wie viel mehr bei planmäfsiger Ausnutzung der griech. Inschriften und Litteratur aus römischer und byzantinischer Zeit, beispielsweise *accepta* gr. ἄκκεπτα, *Crustumina* Κροστομῖνα. Aller Fleifs aber und alle Umsicht kann nicht verhindern dafs zur Zeit Lücken und zweifelhafte Punkte bleiben. Denn die wissenschaftliche Behandlung dieser Fragen ist von zu jungem Datum; das einschlägige reiche Material liegt nirgends gesammelt oder gesichtet vor; gewisse Lautgesetze wie die Dehnung jedes Vokals vor *ns* sind durch ausreichende Beobachtungen festgestellt worden, andere Punkte wie die Quantität in der Verbal-Flexion und Ableitung sind nicht genügend aufgeklärt, obgleich schon derjenige, welcher in der philologischen Litteratur unseres Jahrhunderts diese Fragen neu angeregt hat, Lachmann im Lucrez-Kommentar gerade allgemeine Regeln dieser Art zu ermitteln bemüht war. Man darf zweifeln an der künftigen Beständigkeit dessen was S. 8 § 6 D über die Inchoativa mit kurzem Vokal vorgetragen ist; durch ein Versehen ist *coalesco* wie eine Ableitung von *alo* in jene Reihe gestellt worden; für *obliviscor* spricht das Partic. *livitus* welches Cornutus (VII p. 206, 3 K.) anführt. Hoffentlich wird dies Büchlein, meines Wissens der erste auf alle positionslangen Silben des Lexikons ausgedehnte Versuch, zugleich als Sporn für fernere wissenschaftliche Arbeiten über den Gegenstand wirken; nach meiner Meinung enthält es auch so schon des Sicheren genug, um für Berichtigung der lat. Aussprache nützlich zu sein.

Den Gegnern müssen wir noch eine andere Waffe selber in die Hand geben. Wie überhaupt die ganze Sprache, Formen und Laute im Laufe der Zeit sich änderten, wie so viele prosodische Veränderungen, teils vor der klassischen Periode und gemeingültige, teils späte und vereinzelte begegnen, ebenso ist die Quantität der Vokale auch vor Doppelkonsonanz Wandelungen unterworfen gewesen. Aus Längen sind Kürzen geworden (es genüge das eine Beispiel *cōntio* aus *coventio*. nach Diomedes p. 433, 18 K. *cōntio*), aber eine besondere Neigung hat obgewaltet, den kurzen Vokal zu dehnen, im Einklang mit der allbekannten metrischen Thatsache dafs z. B. im Hexameteranfang *agrestem tenui* von Natur kurze Silben für Längen fungieren; die Energie mit welcher solche Lautgebilde vormals hervorgebracht wurden, macht bei deren steter Erneuerung der Lässigkeit und Schlaffheit Platz. Gegenüber dem πέμπε, *pompe* der Griechen und der Italiker ist *quīnque* den Lateinern eigentümlich, wie es scheint, von Anbeginn. Die Länge der ersten Silbe von *ignobilis* und *ornatus* kann sich erst nach der hannibalischen Zeit festgesetzt haben, da in plautinischen Anapästen dieselbe noch kurz gebraucht wird. *arva* hatte die Stammsilbe ursprünglich so kurz wie *arare*, wenn wir aber auf einer vom Senat ausgegangenen, auch in den Apices fehlerlosen Inschrift zu Ehren Neros des Sohnes des Germanicus CIL. VI 913 *frātri ārvāli* lesen, so ist der Schlufs unabweisbar, dafs damals die erste Silbe schon lang gesprochen ward, ohne Frage unter dem Einflusse des *r*-Lautes, der manche Dehnung bewirkt hat, allgemein oder partiell nach Ort und Zeit (z. B. *χοῶρτις* statt *cohŏrtis*, in Rom schliefslich gar *Minēva* wie einst und für immer lat. *pēdo* statt *πέρδω*). Vor Alters kannte man nur *Vēstini*, und dafs wie die Marser, Picenter, Hirpiner vom Kriegsgott und dessen Symbolen, so jener Stamm von der *Vesta* Ἑστία benannt ist, unterliegt wohl keinem Zweifel; *Οὐεσι-* wird der Name des Konsuls Vestinus vom J. 65 noch geschrieben; die Glosse des Etymolog. M. p. 195, 40 *Βεστῖνοι* mag ihrer übrigen Verkehrtheit wegen (*βέστια τὰ θηρία*, richtig *βηστία*) bei Seite bleiben; aber mit Strabo treten *Οὐηστινοί* auf und für den Beamten des Kaisers Hadrian, den bekannten Bibliothekar und Lexikographen Julius Vestinus ist diese Schreibung die regelmäfsige; hiernach zu schliefsen, hat die Verschiebung der Quantität in jenem Namen um die Zeit des Augustus begonnen und ist bis zum zweiten Jahrhundert durchgedrungen. Bei derselben Doppelkonsonanz in *hesternus* wird die ursprüngliche Kürze bewiesen durch die Etymologie (*hĕri* für *hes-χθές*), aber im orthographischen Kapitel des Marius Victorinus wird, wahrscheinlich doch betreffs eben dieser Silbe vorgeschrieben (VI p. 15 K.): *hesternum producte dici debet, nemo enim est qui latine modo sciat loqui, qui aliter quam producta syllaba hesternum dixerit*. Der Regel kann Beweiskraft für die Schultradition des vierten Jahrhunderts nicht abgesprochen werden, die Apices einer mauretanischen Inschrift (CIL. VIII 9473) bezeugen, dafs ihr etwas älterer Verfasser wie *infāns* so auch *infāntis* sprach. Hingewiesen sei noch auf die vielen einer genaueren Untersuchung bedürftigen Wörter, wo ein und derselbe Konsonant, besonders eine Liquida, zwischen Vokalen gedoppelt steht, wo auch die Schreibung der Konsonanz vielfach schwankt (*querella querela, parret paret, Pulfenius amentum cupedia gutus buca* u. s. w.), wo Stetigkeit und Fortdauer des Doppelkonsonanten gewöhnlich das Anzeichen von kurzem Vokal ist (aus *nōnas Plinius* machten Griechen *νόννας Πλέννιος*); indem die Silben nicht scharf gesondert, die Konsonanten nicht von einander abgesetzt, sondern zusammen gezogen werden, gewinnt der vorgehende Vokal was der Konsonanz verloren geht und erwächst zur Länge. Korrekt *gărrulus*, aber das Volk hängt zusammen *garulus* (Gram. IV p. 199, 4 K.), spricht ungefähr *gārulus*; dafs in jenem *a* lang sei, folgt aus diesem so wenig, wie aus *anulus* langes *a* für *annus*; vielmehr zeugt das verwandte *gerrae* für alte Kürze des Vokals. Ebenso korrekt *castēl-lum*, aber in gemeinen Kreisen *castĕlum*; der gallische Gott heifst lateinisch *Sucellus* oder *Sucaelus*; wir kennen keine andere Form als *ōlim*, die wenn auch die Einwirkung des *i* hier mit in Betracht kommt, doch in gleicher Weise von *ölle* abgeleitet ist. Die Wissenschaft darf sich nicht damit begnügen, die Silben vor Doppelkonsonanten schlechtweg die eine als kurz, die andere als lang zu bezeichnen; sie hat vor allem die gennetische Entwickelung ins Auge zu fassen und den verschiedenen Einflufs verschiedener Konsonantengruppen auf den vorgehenden Vokal darzulegen; denn so von Anfang bis zu Ende gleichmäfsig dauernde Sprachregeln wie die Verlängerung der Silben bei nasaliertem *s*, scheinen den geringeren Teil zu bilden, und auf den Wechsel der Quantität, welchen die wenigen Beispiele vorhin fast für jede Epoche, für weiteste und engere Kreise bekunden, ist bis jetzt nicht geachtet worden.

Für den Schulunterricht sind jene Veränderungen und Schwankungen, welche die geschichtliche Untersuchung der Sprache zu ermitteln hat, mehr hinderlich als förderlich; die Schule braucht eine Form, die sie lehrt und übt, welche den Anfänger und wer über die Materie ohne Urteil ist, mit dogmatischer Strenge bindet. Wenn also verschiedene, nach den Zeiten und sonst wechselnde Quantitäten aus dem Altertum vorliegen, welche wählen wir? Als Ritschl den gleichen Fall der lat. Orthographie besprach, betrachtete er mit Recht als das Entscheidende, dafs vermieden werde was verwerflich jung sei, und erklärte darum die Schreibweise Quintilians und seiner gebildeten Zeitgenossen für das geeignetste Vorbild der Schul-Orthographie. Derselbe Gesichtspunkt mufs für die Orthoepie der Schule entscheiden, nur dafs hier, um sicher zu sein vor Entartetem und Abfälligem, das Muster keinesfalls gewählt werden kann in der von Ritschl bezeichneten Periode. Die Verderbnis, um den verständlichen und in pädagogischem Betracht sehr berechtigten Ausdruck beizubehalten, zeigt sich in der Aussprache und macht sich breit längst bevor sie die durch Litteratur und Schultradition befestigte Schrift angreift; seit Cäsar wachsen und nehmen mehr und mehr zu an Zahl, an Umfang des Gebiets, an Einflufs auch in sprachlichen Dingen die Volksschichten welche die Latinität zersetzen und verderben; für alle lateinische Prosodie und Quantität sind die eigentlichen Normen, wie die Geschichte der ganzen römischen Poesie zeigt, vor Christi Geburt aufgestellt worden. Darum diese Zeit, die augusteische auch für unsere Quantitätsfragen, wo das Schulinteresse eine generelle Bestimmung erfordert, den Ausschlag geben mufs. Allerdings fliefsen in der Kaiserzeit die Quellen reichlicher, und leichter ist zu sagen wie Gellius oder Priscian als wie Horaz gesprochen; mag der Satz weniger praktisch sein, seine Richtigkeit wird dadurch nicht erschüttert; er mahne uns Formen wie ārva, Marcēllus u. s. w. welche für den Forscher gröfseren Wert haben als Dutzende der gewöhnlichen Νέρβα, Μάρκελλος, oder was die Grammatiker seit den Antoninen bezeugen, nicht ohne Prüfung als ständiges oder der guten Latinität eigenes Gesetz auf die Schule zu übertragen.

Kann ein *advocatus diaboli* nachdrücklicher einschärfen, wie zweifelhaft Nutz und Frommen der Kanonisierung ist? Aber diese folgt doch. So werden trotz aller Einwendungen diesem Versuch andere folgen welche die elementarsten und schwierigsten Fragen der Grammatik, auch der Schulgrammatik, lösen helfen. Ich hoffe zunächst dafs Hr. Marx Gelegenheit finde zu einer neuen, aus den Quellen gehörig vermehrten Ausgabe.

Bonn 25. Februar 1883.   F. Bücheler.

Einleitung.

Bei der Angleichung unserer Aussprache des Lateins an die der Römer kann uns nur diejenige Periode dieser Sprache zum Muster dienen, in welcher dieselbe den Höhepunkt ihrer Entwickelung erreichte, die ciceronianisch-augusteische, zugleich auch diejenige, auf welche sich der bedeutendste und zuverlässigste Teil der überlieferten Zeugnisse zu dieser Frage bezieht. Dafs dieser Zeit wirklich eine strenge konsequente Aussprache eigen war, bezeugt Cicero (or. 51, 173)[1]) ausdrücklich und das Gefühl für eine richtige Aussprache blieb noch in späten Jahrhunderten lebendig[2]), wennschon uns dort, nachdem der ganze Bau der Sprache schwer erschüttert worden war, naturgemäfs einzelne gegen die frühere Aussprache abweichende, auch wohl untereinander widersprechende Angaben über die Aussprache einzelner Wörter begegnen. Eine so umfassende und sichere Quelle als die Dichter uns sind für die Aussprache des Vokals vor einem einfachen Konsonanten, giebt es für die Ermittelung der Vokallänge oder Vokalkürze vor mehrfacher Konsonanz nicht. Es ist deshalb erklärlich, dafs auch bei der strengsten Sichtung der benutzbaren Zeugnisse noch eine Anzahl Wörter von zweifelhafter Quantität des Vokals übrig blieb, diese mufsten, da nur die sicher langen Vokale als solche bezeichnet werden konnten, vorläufig unbezeichnet bleiben.

Die benutzten Quellen lassen sich folgendermafsen gruppieren:

---

[1]) 'In versu quidem theatra tota exclamant, si fuit una syllaba aut brevior aut longior. Nec vero multitudo illud quod offendit aut cur aut in quo offendat intellegit et tamen omnium longitudinum et brevitatum in sonis sicut acutarum graviumque vocum iudicium ipsa natura in auribus nostris collocavit'.

[2]) Consentius S. 392 K. 'barbarismus fit, ut quidam dicunt piper producta priore syllaba, cum sit brevis quod vitium Afrorum familiare est'.

1) Ausdrückliche Zeugnisse von Schriftstellern: Cic. or. 48, 159, Gellius n. A. 2, 17; 4, 17; 6, 15; 9, 6; 12, 3, sowie einzelnes bei fast allen Grammatikern, welche, wenn auch zum Teil in späterer Zeit lebend, doch als die Überlieferer älterer Zeugnisse die entschiedenste Bedeutung haben.

2) Die altrömischen Dramatiker, besonders Plautus und Terenz, bei welchen muta cum liquida noch nicht im stande waren, einen von Natur kurzen Vokal als metrische Länge erscheinen zu lassen, bei denen also vor muta cum liquida immer die natürliche Quantität des Vokals im Verse erscheint. Dazu kommt, dafs dieselben Dichter in gewissen Fällen manche andern positionslangen Silben als Kürzen gebrauchen, wahrscheinlich doch weil der Vokal in diesen Silben überhaupt nur kurz ausgesprochen wurde. Wenige Stellen giebt es allerdings, an welchen ein von Natur langer Vokal mit oder ohne Position als Kürze erscheint, z. B. bonȳs mis Pl. Trin. 822 oder forȳs pultabo Trin. 868. Aber diese Stellen sind von besonderer Art und finden ihre Erklärung durch metrische, rhythmische Gründe, Versaccent, iambische Natur der Wörter u. s. w. Ihnen steht gegenüber eine sehr grofse Anzahl anderer Stellen, an denen eine unzweifelhaft von Natur kurze Silbe trotz ihrer Positionslänge auch als metrische Kürze erscheint, z. B. die 2. Silbe in iuventus, tabernaculum, voluntas, voluptas.

3) Die Inschriften. Seit dem 1. Jahrh. v. Chr. erscheint der Apex zur Bezeichnung der Länge bei den Vokalen a e o u, während man die Länge von i durch I (welches sich aufserdem noch für i consonans sowie in kaiserlichen Titulaturen wie Imperator Invictus hier und da findet) oder durch ei ausdrückte; vor der Zeit des Apex findet sich bei a e (o) u auch Verdoppelung des langen Vokals. Konsequent durchgeführt ist zwar diese Längenbezeichnung kaum auf irgend einer Inschrift, auch sind die Vokale in positionslangen Silben meist nur zum kleinern Teile berücksichtigt, doch geben einzelne amtliche Inschriften der republikanischen und ersten Kaiserzeit eine reichhaltige und zuverlässige Ausbeute, wie z. B. die Rede des Kaisers Claudius (Boissieu, Inscr. de Lyon S. 136).

4) Die griechischen Transcriptionen, eine Hauptquelle für die Quantität der Vokale e o oft auch i u in Eigennamen. Polybius, Dionysius v. Hal. Strabo, Plutarch, Appian, Dio Cassius kommen vorzugsweise in betracht, sowie die griechischen Inschriften der römischen Zeit. Aus der byzantinischen Zeit bietet besonders Lydus manches Wertvolle, einzelnes auch Constantinus Porph. so-

wie die andern byzantinischen Schriftsteller[1]). Indessen ist bei der wachsenden Übermacht des Accentes über die Quantität und der infolgedessen unverkennbar hervortretenden Neigung die unbetonten Vokale zu kürzen aus dieser spätern Zeit vorzugsweise den Zeugnissen für Vokallänge Beweiskraft zuzugestehen. Selbst der Accent war nicht immer im stande, die ursprüngliche Quantität des Vokals zu erhalten; während er in πρώξιμος bei Const. die Dehnung herbeigeführt zu haben scheint, weist die für die alte Zeit sicher falsche Accentuierung von Μάρκος Πρίσκος in den Handschriften auf eine trotz der Betonung später eingetretene Kürzung des Vokals.

5) Die Etymologie und Analogie, eine zwar nicht immer ganz zuverlässige aber für viele Wörter die einzige Quelle. Sichere Schlüsse lassen sich bei nächstverwandten Wörtern ziehen wie ὠλένη ūlna, doch sind die dem fraglichen Vokal nachfolgenden Konsonanten von der gröfsten Bedeutung, denn pīnguis gr. παχύς, quīnque gr. πέντε, ūnguis gr. ὄνυξ verdanken die Länge des Vokals im Lateinischen wohl nur der nachfolgenden Konsonantenverbindung (Vgl. A. R. § 1). Ersatzdehnung infolge Ausfalls eines Konsonanten darf wohl da angenommen werden, wo von einer Konsonantenverbindung der erste die Silbe schliefsende Konsonant ausfiel. Wie aus mag-vis mā-vis, aus per-do (πέρδω) pē-do, aus Sec-stius Sē-stius wurde, so notwendig auch aus por-sco pō-sco u. s. w. Freilich giebt es auch hier einige wenige Ausnahmen wie cūlina von coc- (coquo), in welchem Worte die Betonung der folgenden Silbe die nachträgliche Verkürzung der ersten Silbe verschuldet haben mag. Aufserdem ist Ersatzdehnung wahrscheinlich, wenn eine media ausfiel oder in betonter Silbe dem folgenden Konsonanten sich assimilierte, wie von ago āctum, von cado cāsum, von scad- (scando) scāla, so von sed- (sedeo) sēlla, von fod- (fodio) fōssa. Beim Übergange eines Vokals in einen andern ist dann auf Kürze zu schliefsen, wenn a in i oder u überging, wie capio — excipio, so tango — attingo (aber attāctum), wie quatio — concutio, so scalpo — sculpo, calco — inculco.

6) Die romanischen Sprachen, besonders das Italienische und Spanische, welche im Unterschiede von den andern Sprachen allgemein den lateinischen Vokal (e i o u) nicht blofs vor einfacher

---

[1]) Benutzt wurden aufser Hesychius, Suidas u. s. w. die Werke von Du Cange, Sophokles, Wagner, Eberhard sowie die Bonner Ausgabe der byzantinischen Historiker.

sondern auch vor mehrfacher Konsonanz nach seiner ursprünglichen natürlichen Quantität behandelten. War der Vokal lang, so blieb er unversehrt erhalten, war er aber kurz, so wurde er geschwächt und zwar so, dafs ē und ĭ denselben geschlossenen e-Laut, ō und ŭ denselben geschlossenen o-Laut ergaben, während ĕ und ŏ zunächst eine offene Aussprache erhielten und dann diese entweder bewahrten oder später diphthongierten (e zu ie, o zu it. uo sp. ue). Die romanischen Sprachen erlauben zwar zunächst nur Schlüsse auf die römische Volkssprache, aber da das Volk in der Aussprache positionslanger Silben im allgemeinen wohl mehr zur Kürzung als zur Dehnung hingeneigt haben wird, so ist wenigstens da Identität mit der Schriftsprache anzunehmen, wo die romanischen Sprachen auf langen Vokal in der Muttersprache hinweisen, während wenn sie übereinstimmend auf Kürze hinweisen dies in Ermangelung entgegenstehender sehr zuverlässiger anderer Zeugnisse immerhin als Wahrscheinlichkeitsbeweis gelten kann.

Von den Philologen, welche sich mit demselben Gegenstande bereits beschäftigt haben, sind zu nennen: Lachmann, welcher zuerst die Bedeutung einer auslautenden media des Verbalstammes für die Quantität des Supinums erkannte, Komm. zu Lucrez S. 54 f. Ritschl, der den Anstofs gab zu W. Schmitz' verschiedenen Arbeiten, gesammelt unter dem Titel: Beiträge zur lat. Sprach- und Litteraturkunde, und Fr. Schölls 'Veterum grammaticorum testimonia de accentu linguae latinae', Acta soc. phil. Lips. VI. und am Abende seines Lebens noch selbst schrieb: Über unsere heutige Aussprache des Lateins, Rhein. Mus. 31. Bouterwek und Tegge: Die altsprachliche Orthoepie und die Praxis 1878, besprochen u. a. von Hartel in der österreich. Gymnasialz. 1879. W. Förster: Bestimmung der lat. Quantität aus dem Romanischen, Rhein. Mus. 33. Wiggert: Studien zur lat. Orthoepie, Stargard 1880 Progr. Bünger: Über die lat. Quantität in positionslangen Silben, Strafsburg 1880 Progr. Schottmüller: Philol. Wochenschr. 1881, S. 208 f.

Abkürzungen.

CIL = Corpus inscriptionum Latinarum.
IRN = Inscriptiones regni Neapolitani.
CIG = Corpus inscriptionum Graecarum.
CIA = Corpus inscriptionum Atticarum.
D. C. = Glossarium mediae et infimae Graecitatis ed. Du Cange.
K. = Grammatici Latini ed. Keil.
A. R. = Allgemeine Regeln für die Ausspr. d. Vok. in positionsl. Silben.

Allgemeine Regeln für die Aussprache der Vokale in positionslangen Silben.

§ 1.

Vokallänge vor gn gm nf ns,
Vokalkürze vor nt nd.

Lang ist im Lateinischen jeder Vokal vor den Konsonantenverbindungen gn gm nf ns, kurz ist der Vokal vor nt nd, z. B. māgnus āgmen īnfandus mōns montis*).

Ausnahmen:
1. Egnātius Theognis,
2. die griechischen Wörter auf -εγμα wie phlegma,
3. cōntiō iēntāculum und iēntātiō nūntius quīntus und die griech. Namen auf ūs -ūntis und ōn -ōntis (vgl. § 2, 3),
4. Charōndās Epaminōndās nūndinae nōndum prēndō quīndecim vēndō vīndēmia ūndecim.

Vor gn beweist die Vokallänge Priscian 2, 63 S. 82 H.: in „gnus" quoque vel „gna" vel „gnum" terminantia longam habent vocalem paenultimam ut rēgnum stāgnum benīgnus malīgnus abiēgnus privīgnus Paelīgnus. Aufser vor „gnus" u. s. w. ist der Vokal lang vor gn in āgnātus āgnōscō āgnōmen cōgnōscō cōgnōmen ignāvus ignārus ignōrō ignōscō ignōminia u. s. w. da hier ā cō ī für ad con in stehen. Als zweifelhaft bleiben daher nur die Fremdwörter übrig. Auch Plautus brauchte vor gn den Vokal durchweg lang (vgl. Schmitz, Beiträge zur lateinischen Sprach- und Litteraturkunde S. 56 ff. Corfsen, Über Aussprache, Vokalismus und Betonung der lat. Sprache ² II. S. 265).

Die Länge des Vokals vor gm folgt 1) aus der Analogie von gn, bei Plautus findet sich auch hier nur Länge, 2) aus der etymologisch nicht gerechtfertigten Länge des Vokals vor gm in pīgmentum und sēgmentum (s. unten im Wörterverzeichnisse).

Vor nf und ns beweist die Vokallänge Cicero im Orator 48 § 159: „indoctus" dicimus brevi prima syllaba „insanus" producta, „inhumanus" brevi „infelix" longa, et ne multis, quibus in verbis eae primae litterae sunt quae in sapiente atque felice, producte dicitur „in", in ceteris omnibus

---

*) Nur die langen Vokale sind durch den Langstrich bezeichnet, die nicht bezeichneten Vokale sind als kurz anzusehen.

breviter, itemque composuit cōnsuevit concrepuit cōnfecit. Dasselbe sagt Gellius 2, 17; 4, 17 sowie Probus cathol. S. 6, Mar. Vict. S. 204, Diomed. S. 431, 433, Priscian S. 319, Beda S. 230 R. Dazu kommen viele einzelne Belege aus Inschriften und griech. Schriftstellern, vgl. im Wörterverzeichnisse accēnsus acipēnser castrēnsis cēnsor cēnsus clēmēns Cōnsentia cōnstāns cōnsul cōnstō cōnsilium Cōnsus Cōnsuālia crēscēns Hortēnsius īnsīgnis īnspiciō īnsuper Lūcerēnsēs mēnsa mēnsor potēns Ramnēnsēs Tatiēnsēs valēns. Vgl. auch Schmitz, Beiträge S. 3 ff., 25, 27, 30, 32.

Für nf vgl. īnfēlīx īnferior.

Für die Vokalkürze vor nt vgl. linteum (von līnum), wo i nur wegen des folgenden nt verkürzt scheint, ferner aufser potentia besonders clēmēns crēscēns cliēns dēns fōns frons gēns mēns mōns parēns Picēns pōns praesēns, Wörter, welche im Nom. Sing. vor ns langen Vokal, in den übrigen Casus aber vor nt kurzen Vokal haben, vgl. auch Aventīnus Carmenta carpentum centum Cōnsentia commentariī Faventia ferentāriī Flōrentia frūmentum īnstrūmentum Lentulus Placentia sēgmentum Sentīnum Terentius. Mehr Beispiele bei Schmitz Beitr. S. 11 ff.

Die Vokalkürze vor nd ergiebt sich aus der Analogie von nt, dazu vgl. calendae Euander Fundānius und § 6, B, 1, c.

§ 2.

Deklination.

1. der kürzere Genitiv Pluralis auf ūm in der ersten und zweiten Deklination hat langes u, also Aeneadūm deūm sēstertiūm duūmvir (aber triumvir).

Dafs die im Lateinischen wie im Griechischen ursprünglich lange Endung des Genitiv Plur. ūm wenigstens in der 1. und 2. Deklination als Vertretung für ārum ōrum lang blieb, dafs man also, wie die direkt aus dem Griechischen herübergenommenen amphorūm drachmūm auch modiūm sēstertiūm u. s. w. mit langem u sprach, ist höchst wahrscheinlich, denn erstens mufste das in der 1. und 2. Deklination durch Kontraktion entstandene ūm neben ārum orum auch später als solches im Bewufstsein bleiben, zweitens wären sonst in der 2. Deklination der Acc. Singul. und Gen. Plur. garnicht zu unterscheiden gewesen.

2. die Wörter auf er nach der 2. sowie die Wörter auf er und x nach der 3. Deklination haben in allen Casus dieselbe Quantität des der Endung voraufgehenden Vocals, also ager agrī frāter frātris ācer ācris pax pācis tenāx tenācis fax facis rēx rēgis nix nivis cornīx cornīcis calix calicis, ebenso caro carnis mel mellis fel fellis as assis os ossis (aber ōs ōris) plēbs plēbis.

3. die Wörter auf ns nach der 3. Dekl. Gen. -ntis -ndis haben im Nominativ und Vokativ vor ns langen, in allen übrigen Casus vor nt nd kurzen Vokal, also fōns fontis frōns frondis sapiēns sapientis amans amantis, ebenso verhalten sich die grie-

chischen Wörter auf ās -antis, z. B. Aiās -antis gigās -antis. Den langen Vokal behalten die griech. Städtenamen auf οῦς -οῦντος, z. B. Selīnūs -ūntis und die griech. Personennamen auf ὤν- ὤντος, z. B. Xenophōn -ōntis, aber Acherōn -ontis.

Die Kürze vor nt in der Deklination ist dem Lateinischen und dem Griechischen gemeinsam, vgl. Curtius, d. gr. Verbum I S. 195; die Formen auf οῦς -οῦντος und ὤν -ὤντος sind contrahiert.

4. Alle auf mehrere Konsonanten aufser ns oder x endigenden Wörter der 3. Deklination haben kurzen Vokal vor der Endung, also urbs urbis arx arcis sors sortis puls pultis stirps stirpis. Ausgenommen sind plēbs plēbis supellēx -ēctilis und die von ūncia abgeleiteten Wörter wie deūnx deūncis.

5. Einzeln zu merken sind lāc lactis fār farris.

§ 3.
Komparation.

1. Die Endungen -issimus -errimus -illimus -entior -entissimus haben kurze Vokale, also:

probus	probior	probissimus
ācer	ācrior	ācerrimus
similis	similior	simillimus.
benevolus	-entior	-entissimus

Die Endung -issimus mufs ursprünglich ihrer Bildung gemäfs langen Vokal gehabt haben, es finden sich auch noch inschriftliche Beispiele mit I wie CIL VI 1132 1634 1724, aber es scheint doch früh Kürze eingetreten zu sein, vgl. simillumae Plaut. Asin. 1, 3, 88 und amīcissimus bei Mar. Vict. de fin. S. 242 K., in der spätern Volkssprache wurde i zu e, wie die romanischen Sprachen zeigen.

2.
bonus	melior	optimus
māgnus	māior	māximus
parvus	minor	minimus
mātūrus	mātūrior	mātūrissimus und mātūrrimus
ūltrō	ūlterior	ūltimus
superus	superior	suprēmus und summus.

§ 4.
Zahlwörter.

1. In den Endungen -gintā und -gentī ist der Vokal vor nt kurz, also quadrāgintā quadringentī.

Vgl. τεσσαράκοντα τετρακόσιοι u. s. w.

2. Einzeln sind zu beachten: quattuor aber quārtus quīnque mit seinen Ableitungen quīndecim quīntus u. s. w. ūndecim ūndēvīgintī, mīlle (mīlia) mīllēsimus u. s. w.

§ 5.
Pronomina.

1. nōs vōs, aber nostrī vestrī noster vester.
2. hīc haec Acc. hunc hanc.
Bei Plautus oft verkürzt, z. B. Amph. 916, Stich 517, 611, Mil. 1008, 1138, Poen. 4, 2, 96; 5, 6, 28.
3. Masc. īdem, Neutr. idem, Plur. eīdem eīsdem und īdem īsdem.
4. ille ipse iste.
5. quīcunque quaecunque quodcunque quāliscunque u. s. w.
6. In der Zusammensetzung bleibt die frühere Quantität: quisquis quidquid und quicquid quispiam quisquam quisque cūiusque eōrundem u. s. w.

§ 6.
Konjugation.
A. Stammformen.

1. Die Verbalstämme, welche durch n erweitert sind, haben im Präsens und Infinitiv und den davon abgeleiteten Formen kurzen Vokal, z. B. fundō frangō iungō sternō u. s. w. Langen Vokal haben nūntiō prēndō vēndō.

Auch die andern positionslangen Verbalstämme haben meist kurzen Vokal, z. B. nectō serpō vertō u. s. w.

Langen Vokal haben in der 1. Konjugation: cēssō gūstō iūrgō lāxō lūctor mūssō nārrō ōrnō pūrgō rīxor rūctō tāxō trāctō vāstō;

in der 2. Konj.: ārdeō mīsceō;

in der 3. Konj.: die meisten Inchoativa s. D., ferner compēscō mīttō pērgō pōscō sūrgō;

in der 4. Konj.: gārriō nūtriō ōrdior.

2. Die Quantität des Präsensstammes bleibt, aufser wenn er bei kurzem Vokal auf eine media ausgeht und diese im Perfektum oder Supinum Veränderungen erleidet, in allen Formen mit konsonantischer Endung dieselbe.

Auszusprechen ist also:

ārdeō	ārsī	ārsum	ārdēre
faciō	fēcī	factum	facere
frīgeō	frīxī	—	frīgēre

gero	gessī	gestum	gerere
īcō	īcī	īctum	īcere
vīvō	vīxī	vīctum	vīvere.

Die Inschriften bieten fIxo afleicta lúctum scrIptum conscreiptum vIxit veixit.

Ausnahmen:

| dīcō | dīxī | dictum | dīcere |
| dūcō | dūxī | ductum | dūcere |

mit ihren Ableitungen dictiō ductāre u. s. w.

Für diese beiden Verben ist der Wechsel in der Quantität wenigstens für die Kaiserzeit sicher bezeugt durch Gellius und die romanischen Sprachen und ist bei diesen Verbalstämmen auch sonst die Quantität schwankend, vgl. dicāx index -icis dēdicō neben dīcō ēdīcō, ebenso dux ducis ēducō neben dūcō ēdūcō.

3. Endigt der kurze Präsensstamm auf eine Media (b d g) und erfolgt im Perfektum oder Supinum Ausfall oder Assimilation derselben, so wird die Stammsilbe lang.

Auszusprechen ist also:

ago	ēgī	āctum	agere
iungō	iūnxī	iūnctum	iungere
rego	rēxī	rēctum	regere
sedeō	sēdī	sēssum	sedēre
spargō	spārsī	spārsum	spargere
scindō	scidī	scīssum	scindere.

Die ursprünglich vorhandene Media ist im Präsens und Infinitiv geschwunden in den Wörtern

fluo	flūxī	flūxum	fluere
struo	strūxī	strūctum	struere
traho	trāxī	trāctum	trahere.

Dieselbe Quantität haben die Ableitungen, also:

| rēctus | āctiō | scīssor | trāctō u. s. w. |

Die Länge des Stammvokals im Supinum beweist bei diesen Verben Gellius 9, 6: Ab eo quod est ago et egi verba sunt quae appellant grammatici frequentativa actito et actitavi. Haec quosdam non sane indoctos viros audio ita prouuntiare ut primam in his litteram corripiant rationemque dicunt quoniam in verbo principali quod est ago prima littera breviter pronuntiatur. Cur igitur ab eo quod est edo et ungo, in quibus verbis prima littera breviter dicitur, esito et unctito quae sunt eorum frequentativa prima littera longa promimus et contra dictito ab eo verbo quod est dico correpte dicimus? num ergo potius actito et actitavi producenda sunt? quoniam frequentativa ferme omnia eodem modo in prima syllaba dicuntur quo participia praeteriti temporis ex his verbis unde ea profecta sunt in eadem syllaba pronuntiantur sicut lego lectus facit lectito ungo unctus unctito scribo scriptus scriptito moveo motus motito pendeo pensus pensito edo esus esito, dico autem dictus dictito facit gero gestus gestito veho vectus vectito rapio raptus raptito capio captus captito facio factus factito. Sic igitur actito producte in prima syllaba pronuntiandum, quoniam ex eo fit quod est ago et actus.

Ebend. 9, 3. Si quis autem est qui propterea putat probabilius esse quod Tiro dixit, quoniam prima syllaba in lictore sic ut in licio producta est et in eo verbo quod est ligo correpta est, nihil ad rem istud pertinet, nam sic ut a ligando lictor et a legendo lector et a viendo vitor et a tuendo tutor et a struendo structor productis quae corripiebantur vocalibus dicta sunt.

Dem entsprechend bieten die Inschriften: áctis redácta exáctus defúnctis diléctae fúncto sciúnctum adléctus llctor réctor téctor, vgl. auch fōssa iūnctus lēctitō prōtēctor rēctus scindō scissum.

Auch bei Verbalstämmen mit einfachem Konsonanten zeigt sich der Einflufs der ausfallenden Media, z. B.

| cado | cecidī | cāsum | cadere |
| videō | vīdī | vīsum | vidēre. |

Ebenso scheint die Erhaltung des Grundvokals im Supinum der Komposita auf Länge desselben zu weisen, z. B.

	exigō	exēgī	exāctum	exigere
	attingō	attigī	attāctum	attingere,
wie	occidō	occidī	occāsum	occidere

dagegen efficiō excipiō ēripiō u. s. w. schwächen auch im Supinum den Vokal des Stammverbums.

Dafs auch das Perfektum bei diesen Verben langen Vokal hat, dafür spricht 1. die Analogie des Supinums, 2. die Formen coniúnxit und réxit, 3. Prisc. 9, 28: in xi terminantia praeteritum perfectum secundae et tertiae et quartae coniugationis inveniuntur et tunc tantum natura quoque producunt paenultimam quando sit e ut rego rexi tego texi illicio illexi. illicio pafst allerdings nicht hierhin, da für eine Verlängerung des Stammvokals bei Verben deren Stamm nicht auf eine Media ausgeht, sonst jeder Anhaltspunkt fehlt. illexi ist also entweder später den andern auf exi gefolgt, oder Priscian schrieb intellego intellexi.

B. Endungen.

1. Die Verbalendungen haben kurzen Vokal vor nt nd ss st. Auszusprechen ist also:

a)	sunt	sint	erant	essent
	fuērunt	fuerint	fuerant	fuissent
	erunt	suntō		
ebenso	est	estis	fuistī	fuistis
	estō	este	estōte	
	essem	fuissem	esse	fuisse

b) amāvērunt   amāverint   amāverant
amāvistī   amāvistis   amāvissem
amāvisse u. s. w.

sunt sint erant essent erunt können ihrer Herkunft nach nur kurzen Vokal haben, vgl. gr. λέγουσι aus λέγοντι ἦσαν εἶεν, ebenso est ἐστίν, oft mit Aphäresis wie itast multumst, romanisch wie sunt nur mit kurzem Vokal weiter entwickelt, bei Plautus oft verkürzt, z. B. Trin. 630, 668, potest 80, 730, esse 307, 337.

estis estō este wie es (einst ēs) ἐστέ ἔστω ἔστε; die andern Formen von sum sind mit diesen einfachen Formen zusammengesetzt.

Ebenso sind die Formen des aktiven Verbums amāvērunt u. s w. mit den entsprechenden Formen von sum zusammengesetzt, vgl. auch dedisti Plaut. Trin. 129, Men. 689, dedisse Amph. 761, Pseud. 990, Cist. 1, 3, 34. Auch die Zusammenziehung amāssem amāsse aus amāvissem amāvisse läfst auf Kürze des i schliefsen.

c) amant   ament   amantur   amentur
amantō   amandī   amandus u. s. w.

amandus nach Serg. de acc. S. 527 K., Τούενδος CIG 5600, vgl. secundus calendae und den Wechsel von e und u im Part. Fut. Pass. z. B. repetundae potiundus neben potiendus.

d) amāns   amantis.

Vgl. § 1 und § 2, 3.

Ebenso in den übrigen conjugationen: monent moneant legunt lēgistī lēgissem lēgisse u. s. w.

2. Lang auszusprechen ist der Vokal vor ss und st, wenn er durch Synkope eines folgenden vi vor ss oder st zu stehen kommt, also:

amāvissem und amāssem,

amāvistī und amāstī, amāvistis und amāstis, amāvisse und amāsse, ebenso dēlēssem cupīssem petīssem crēssem nōssem nōsse suēssem audīssem.

Vgl. Vel. Long. S. 80 K.

3. Seltenere Formen sind:

accēstis aus accēssistis, trāxe aus trāxisse, extīnxem aus extīnxissem, dīxtī aus dīxistī.

C. Komposita.

1. Die Präposition behält in der Zusammensetzung mit Verben ihre Quantität, wenn sie ganz unverändert bleibt, oder der Endkonsonant sich dem folgenden Konsonanten assimiliert.

2. Dagegen wird der sonst kurze Vokal der Präposition lang,

a) wenn durch die Zusammensetzung nf oder ns zusammenkommen, z. B. cōnfundō cōnsūmō;

b) wenn die einsilbige Präposition durch die Zusammensetzung einen Endkonsonanten verliert. Lang sind in der Zusammensetzung nicht blofs ā (ab) dē ē prō sē, sondern auch ā (aus ad), cō (aus con), dī (aus dis), ī (aus in), ās (aus abs), ōs (aus obs), sū sūs (aus sub subs), z. B. āscendō cōgnōscō dīstinguō īgnōrō āsportō ōstendō sūscipiō.

Anm. Auch con vor i scheint vielfach lang gesprochen worden zu sein, vgl. cōniunx und Gellius 4, 17. Die Präposition pro hat allerdings eine kurze Form neben sich in profārī profugus profundus u. a.

D. Inchoativa.

Die meisten Inchoativa, nämlich alle von Verben der 1. 2. 4. Konjugation abgeleiteten auf -āscō -ēscō -īscō haben langen Vokal in der Inchoativendung, z. B. labāscō flōrēscō scīscō. Ebenso haben langen Vokal 1. crēscō cupīscō dīscō fatīscor dēfetīscor glīscō hīscō resipīscō vēscor, 2. die von Nominibus abgeleiteten Inchoativa dūrēscō ēvānēscō īgnēscō pīnguēscō u. s. w.

Kurzen Vokal haben nur die von Verbalstämmen der 3. Konjugation abgeleiteten Inchoativa auf -escō -iscō: coalescō gemiscō ingemiscō tremescō contremiscō vīvescō revīviscō adipiscor indipiscor dēpeciscor expērgiscor nanciscor paciscor proficiscor reminiscor ulciscor.

Gellius 6, 15 II.: „amicus noster homo multi studii atque in bonarum disciplinarum opere frequens verbum quiesco usitate e littera correpta dixit, alter item amicus homo in doctrinis quasi in praestigiis mirificus communiumque vocum respuens nimis et fastidiens barbare cum dixisse opinatus est, quoniam producere debuisset, non corripere. nam quiescit ita oportere dici praedicavit ut calescit nitescit stupescit et alia huiuscemodi multa. Id etiam addebat quod quies e producta non brevi diceretur. Noster autem qua est omnium rerum verecunda mediocritate ne si Aelii quidem Cincii et Santrae dicendum ita censuissent, obsecuturum sese fuisse contra perpetuam latinae linguae consuetudinem neque se tam insignite locuturum ut absona inauditaque diceret" u. s. w. Wenn auch diese Ausnahme von quiesco für die alte Zeit sehr unwahrscheinlich ist, so mufs doch, obiger Stelle entsprechend, für die vokalischen Stämme allgemein lange Inchoativendung angenommen werden; vgl. crēscō scīscō nōtēscō.

Ebenso weisen die romanischen Sprachen durchweg auf lange Inchoativendung. Auch das Griechische hatte bei vokalischen Stämmen meist langen Vokal vor der Endung -σκω, vgl. Curtius, d. gr. Verbum I S. 265 ff.

Dagegen bei den von konsonantischen Stämmen der 3. Konjug. abgel.

Inch. ist e i nur Bindevokal und bei einigen Wörtern beweist das Schwanken des Vokals selbst seine Kürze.

E. Unregelmäfsige Verba.

1. possum possumus possunt possim possem posse.
possum ist aus potisum entstanden, vgl. potest potens. Auch nach dem Romanischen o.

2. edo, edis und ēs, edit und ēst, editis und ēstis, ederem und ēssem ēssēs etc., edere und ēsse, editur und ēstur, ederētur und ēssētur.
Vgl. Donat. zu Ter. Andr. 1, 1, 54. Serv. zu Verg. Aen. 5, 785.

3. fero fers fert ferre u. s. w., überall e.

4. volo vīs volt voltis vellem velle
nōlō nōllem nōlle
mālō māllem mālle.

5. eo eunt euntō iēns euntis eundī u. s. w. wie B, 1, c.

Komp. rediīstī und redīstī, rediīstis und redīstis, rediīssem und redīssem, rediīsse und redīsse u. s. w., vēnīsse verkauft worden sein, vēnisse gekommen sein.

Folgen ii aufeinander, so ist vor s oder t das zweite i lang, vgl. interieistī CIL I 1202 adiīt Ov. met. 9, 611, ep. ex P. 1, 3, 74, subiīt 1, 4, 46, Verg. Aen. 8, 363, Hor. sat. 1, 9, 21, petiīt Ov. met. 9, 612, Prop. 1, 10, 23, impediīt Val. Flacc. 8, 259. Vielleicht gehört auch die auf Inschriften sehr häufige Schreibung pīlssimus hierhin. Zu ī vgl. noch redīsset CIL VI 1318.

6. inquam inquistī inquit.

7. meminī meministī mementō u. s. w.
ōdī und coepī wie lēgī.

§ 7.

Wortbildung.

A. Langen Vokal haben:

1. Die Endungen -ēnsis -ēnsius, z. B. Carthāginiēnsis Hortēnsius, vgl. § 1.

2. Die von Verben abgeleiteten Substantiva auf -ābrum -ācrum -ātrum, z. B. flābrum lavācrum arātrum.

B. Kurzen Vokal haben:

1. Die Endungen -ellus (a um) -illus (a um), z. B. libellus tabella favilla. Langen Vokal haben catēlla stēlla anguīlla Bovīllae hīllae pīlleus ovīllus stīlla suīllus vīlla.

2. Die Endungen -andus -antia -entum (-entia -entium) -mentum -undus (-bundus -cundus), z. B. nefandus petulantia silentium secundus hirundō iūcundus, vgl. § 1, § 6, B, 1, c.

3. Die Endungen -ernus (-ernius -ernīnus) -urnus (-urnius -urnīnus), z. B. hībernus taberna Sāturnus. Langen Vokal hat vērnus, ebenso hōrnus.

4. Die Endungen -estus (-ester -estris -esticus -estās) -ister (-istrum) -ustus, z. B. caelestis domesticus tempestās capistrum venustus. Langen Vokal haben īnfēstus sēmēstris prīstinus iūstus palūster.

5. Die Endungen -unculus (-unciō) -erculus -usculus, z. B. ratiuncula paterculus māiusculus. Langen Vokal haben plūsculus Tūsculum.

Für unculus vgl. Aurunculēius und Coruncānius, auch der Übergang von o (ration-) in u spricht für Verkürzung des Vokals, wozu die Bedeutung der Endung mitgewirkt haben mag, vgl. Catullus aus Catōnulus.

6. In den zusammengesetzten Wörtern ist der Bindevokal i kurz, z. B. nāvifragus lectisternium.

Alphabetisches Wörterverzeichnis*).

A.

Abās -antis.
Abantiadēs.
abdō 3 aus ab-dō.
abdūcō 3.
abiciō 3. u. s. w.
abdōmen.
Abella Ἀβέλλα Strabo 5, 249.
abiēguus vgl. Prisc. 2,63 S. 82 H.
ablēgmina s. A. R. § 1.
abolēscō 3. von abolēre.
abolla ἀβολεῖς sicilisch nach Hesychius, wo o durch die alphabetische Abfolge gesichert ist, ἀβόλλα bei Du Cange.
aborīscor 3. von aborīrī.
abscēdō 3. von abs-cēdō.
absēns -sentis.
absentia.
absque aus abs-que.
abstēmius aus abstēmius mit tēmētum verwandt.
abstinēns -entis.
abstinentia.
absurdus mit sardare = intellegere verwandt, nach dem Lautwechsel von a-u wahrscheinlich u; die erste Silbe ist gekürzt bei Plaut. Capt. 69.
abundō 1. wie unda.
abundantia.
acanthus.
Acarnānēs.
acatalēctus gr. ἀκατάληκτος.
Acca Larentia mit ἄττα verwandt.
Accius.
Acciānus.
accēdō 3. aus ad-cēdō.
accēnseō 2.
accingō 3. u. s. w.
accēnsus accēnsus CIL VI 1887, IRN 2532.
accentus von ad und cantus.
accipiō -ēpī -eptum 3, vgl. Plaut. Trin. 964.
accipiter nach Analogie von acipēnser gebildet aus Wurzel ac (aciēs acus aquifolius) und pet (πετέσθαι).

accola aus ad-cola.
accrēmentum, vgl. A. R. § 7 B 2.
accrēscō 3. wie accrēvī.
accumbō 3. von cubo abgeleitet, mit kurzer erster Silbe Plaut. Most. 308.
ācer ācris ācre.
ācriter.
acerbus Ableitung von einem Stamme acer (mit acus verwandt) mit dem Suffix ba.
acerbitās.
acerra w. d. f. W.
Acerrae Ἀκέρραι Plut. Marc. 6.
acervus von acer mit dem Suffix ua va vgl. acerbus.
acēscō 3. von acēre, s. A. R. § 6 D.
Acestēs Ἀκέστης.
Acesta Ἀκέστη.
Acherōn -ontis Ἀχέρων -οντος.
Acheronteus.
Acheruntīnī.
Achillēs gr. Ἀχιλλεύς

---

*) Von den Kompositis sind aufgenommen: 1) diejenigen, deren Simplex ungebräuchlich ist, 2) diejenigen, welche den Stammvokal des Simplex ändern, 3) diejenigen, welche mit Rücksicht auf die Aussprache der Präposition u. s. w. aufgenommen werden mußten.

und *Ἀχιλεύς*, vgl. Plaut. Merc. 488.
Achradīna.
acipēnser *ἀκυιπήνσερα* Lyd. de mag. 3, 63 S. 257 Bekker, vgl. Schmitz Beitr. S. 7.
Acmonidēs *Ἀκμονίδης* von *ἄκμων*.
Acontius *Ἀκόντιος*.
acquiēscō 3. von adquiēre gebildet.
acquīrō 3.
Acragās vgl. Ov. Fasti 4, 475.
acrātophorum von *ἄκρατος*.
acrēdula vgl. Carmen de philom. (A. L. Riese 762) 15.
ācrimōnia von ācer.
Acrisius.
Acrisiōnēis vgl. Charis. S. 12, Diomed. S. 428, Probus de ult. syll. S. 256 K.
acroāma von *ἀκροᾶσθαι* vgl. Aristoph. Eccles. 91.
acroāsis.
acroātērium.
Acroceraunius mit *ἄκρος* zusammengesetzt.
Acrocorinthus von *ἄκρος* und *Κόρινθος*.
acrostichis *ἀκροστιχίς*.
ācta āctōrum von āctus s. ago.
Actaeōn *Ἀκταίων* von *ἀκτή*.
actē gr. *ἀκτή* mit *ἄκρος* verwandt.
āctiō s. ago.
āctitō 1. s. ago.
Actium *Ἄκτιον* mit *ἀκτή* (s. actē) nächst verwandt.
āctor s. ago.
āctūtum von āctu (āctus s. ago) gebildet.
adamās -antis.
adamanteus.
additāmentum von addō, vgl. A. R. § 7 B 2.
ademptiō von adimō.
adeps -ipis.
adhaerēscō 3. von adhaerēre.
adimō -ēmī -emptum 3. wie emo, *ἀδεμπτεύειν* bei den Byzantinern.
adipiscor adeptus sum adipisci wie apiscor.
adeptiō.
adiūmentum vgl. A.R. § 7 B 2.
adiūtrīx -īcis von adiūtum.
adliciō adlexī adlectum 3.
Admētus *Ἄδμητος* *ἄδμητος* vgl. Aesch. Suppl. 149.
administrō 1. von administrō, mit kurzer dritter Silbe Plaut. Ep. 418.
administrātiō.
adolēscō -ēvī -ultum 3. von ad-olere.
adulēscēns -entis.
adulēscentia.
adpendix -icis wie pendeō.
Adrāstus *Ἄδραστος* ion. *Ἄδρηστος*.
Adrāstēa.
Adrāsteus vgl. Stat. Silv. 1, 1, 52.
adrigō -rēxī -rēctum 3. wie rego.
adrogāns -antis.
adrogantia.
adscendō -endī -ēnsum 3.
adscēnsus -ūs.
adscīscō 3. wie scīscō.
adsentior adsēnsī adsentīrī wie sentiō.
adsēnsus -ūs.
adsideō -sēdī -sessum 2. wie sedeō.
adsiduus.
adspiciō -exī -ectum 3.
adspectus -ūs, nach dem Romanischen e.
adsuēscō 3. wie adsuēvī.
adtingō -tigī -tāctum 3. wie tangō.
adventus -ūs von adveniō, *ἀδούεντος* Dio C. 78, 14.
adulter aus ad-ulter von demselben Pronominalstamme mit alter.
Aegisthus *Αἴγισθος*.
aegrēscō 3. von aegrēre.
Aegyptus vgl. *Αἴγυπτιος -τιοι* Hom. Il. I 382, Od. *δ* 83, 127, 229, § 263,286.
Aëllō *Ἀελλώ*.
aenigma vielleicht ī.
aerumna alte Participialform wie alumna, dem griech. *-ομένη* entsprechend.
Aesernia *Αἰσερνία* Strabo 5, 238, Ptol. 3, 67.
Αἰσερνῖνος Dio Cass. 42, 15.
aeternus aus aeviternus vgl. A. R. § 7 B 3.
Aethiops -opis.
Āfer Āfra Āfrum.
Āfrica Āfricae CIL II 4509.
Āfricānus Āfricanus CIL VI 2041, 47.
afferō affundō 3. u. s. w. aus ad-fero ad-fundō.
afficiō -fēcī -fectum 3.

affectō 1.
affīnis aus ad-fīnis.
Āfrānius von Āfer.
Agamemnōn -onis Ἀγαμέμνων.
Aganippē Ἀγανίππη mit ἵππος (equos) zusammengesetzt vgl. Philippus.
Agathoclēs Ἀγαθοκλῆς.
ager agrī.
agrārius.
agrestis ἀγρέστεμ Dioskorid. 4, 22 Kühn, vgl. Quinct. 9, 4, 85.
agricola.
agricultūra (vgl. colo).
agrimēnsor.
agger zu aggerō aus adgero gehörig.
aggredior -grēssus sum 3. aus ad-gradior s. gradior.
āgmen vgl. A. R. § 1.
āgnāscor 3. s. nāscor.
āgnātus.
āguōmen.
āgnōscō 3. s. nōscō.
āgnitus.
āgnus.
ago ēgī āctum 3. vgl. Gell. 9, 6, áctis CIL VI 1377, 1527 d 59, vgl. exigō redigō.
āctiō.
āctor.
āctitō 1.
Agrigentum.
Agrigentīnus vgl. Lucr. 1, 717, Plaut. Rud. prol. 50 und A. R. § 7 B 2.
Agrippa vgl. Manilius 1, 798, von den Alten mit aeger und partus oder pes zusammengebracht.

Ahenobarbus s. barba.
Aiāx -ācis.
alabaster vgl. oleaster.
alacer -acris -acre. alacritās.
Alba von albus.
Albīnus von albus.
Albinovānus.
Albis Ἄλβις.
Albius von albus.
Albunea ebenso.
Alburnus ebenso, vgl. A. R. § 7 B 3.
albus mit ἄλφι nahe verwandt.
albeō 2.
albēscō 3.
Alcaeus Ἀλκαῖος von ἀλκή mit ἄλκαρ ἀλέξω verwandt.
alcēdō.
alcēs Elchtier.
Alcēstis Ἄλκηστις, a wie in Alcaeus.
Alcibiadēs.
Alcīdēs.
Alcimedōn -ontis Ἀλκιμέδων -οντος.
Alcinous.
Alcmaeōn -ōnis.
Alcmān -ānis.
Alcmēna.
alcyōn -onis.
Alcyonē.
Alēctō Ἀληκτώ.
Aletrium Ἀλέτριον Strabo 5, 237.
Alexander Ἀλέξανδρος, mit kurzer zweiter Silbe bei Plaut. Bacch. 947, Most. 775.
alga s. algeō.
algeō ālsī ālsum algēre mit ἄλγος ἀλεγεινός verwandt? vgl. A. R. § 6 A 3.
algēscō 3.
algidus.

alga.
alimentum vgl. A. R. § 7 B 2.
aliōrsum aus aliōvorsum.
aliptēs ἀλείπτης.
all- s. adl-.
Allia richtiger Ālia.
Allīfae?
āllium besser ālium Lauch.
Allobrox -ogis Ἀλλόβρογες Strabo, nach alter Etymologie von allo = alio.
Almō von alere.
almus von alere.
alnus wohl ebendaher.
alo aluī alitum und altum 3.
Alpēs verwandt mit albus, sabellisch alpus.
Alpīnus.
Alphesiboea Ἀλφεσιβοία mit ἀλφάνω ἄλφι verwandt?
Alphēus zu ἀλφ- albus gehörig.
altāre von altus.
alter Comparativ zu alius.
altercor.
alternus.
altrīnsecus.
altilis von alere.
altrīx -īcis von alo altum.
altus.
alumnus Participialform von alo entsprechend gr. -όμενος.
Aluntium Ἀλόντιον Ptol. 3, 4.
alvus von alere.
Amalthēa Ἀμάλθεια zu μαλθακός μαλακός gehörig.

amarantus ἀμάραντος von μαραίνω.
Amāzōn -onis Ἀμαζών vgl. Herodian in Cramers Anecd. Oxon. III S. 293, 10.
ambigō 3. von amb-ago, amb = ἀμφ (ἀμφί) wie ambō.
ambāgēs.
ambiguus.
ambiō 4. wie ambō.
ambō mit omnis verwandt?
Ambracia Ἀμβρακία wohl mit ἀνά zusammengesetzt.
ambrosia gr. ἀμβροσία mit der Verneinungspartikel ἀν zusammengesetzt.
ambulō 1. wohl von am, amb gebildet. In der Volkspoesie so gekürzt, dafs entweder n(m)bulo oder amblo anzunehmen ist.
ambūrō -ūssī -ūstum 3. a wie in ambigō ambulō.
amellus Blume b. Verg. vgl. A. R. § 7 B 1.
āmēns- entis.
āmentia.
āmentum aus ap-mentum vgl. A. R. § 7 B 2.
amiciō -ictum 4.
Amiternum Ἀμίτερνον Strabo 5, 228.
Ammiānus mit amita stammverwandt.
amnēstia gr. ἀμνηστία.
amnis vgl. Charis. S. 11, Serg. de syll. S. 478, vgl. Antemnae.
Amphiarāus Ἀμφιάραος

mit ἀμφί zusammengesetzt.
amphibium.
Amphictyōn -onis.
Amphilochus.
Amphiōn -onis.
Amphipolis.
Amphissa.
Amphitrītē, für i vgl. Pind. Ol. 6, 178.
Amphitryōn -ōnis und Amphitruō -ōnis Plaut.
Amphitryōniadēs Catull. Ovid.
amphora gr. ἀμφορεύς für ἀμφιφ.
Amphrȳsus Ἀμφρῦσός mit ἀνά zusammengesetzt.
amplector amplexus sum 3. von amb-plectō.
amplexus -ūs.
amplus von am- (ambō ἀμφί) abgeleitet.
amplius.
amplificō 1. u. s. w.
ampulla von ampora (amphora) abgeleitet.
amputō 1. aus amb-puto.
Ampsanctus Āmsanctus von amb- und sanctus gebildet.
amurca von ἀμόργη.
amussis.
Amyclae Ἀμύκλαι.
amȳgdala mittellat. amandola.
Amyntās Ἀμύντας vielleicht ū wie in ἀμύνειν.
Amyntor -oris Ἀμύντωρ ebenso.
anabathrum ἀνάβαθρον wie βάθρον.
Anacharsis Ἀνάχαρσις von ἀνά und χαρ- (χαίρω χάρμα).

Anacreōn -ontis Ἀνακρέων -οντος vgl. Aristophan. Thesmoph. 161.
Auāgnia vgl. Schmitz Beitr. S. 56.
anāgnōstēs ἀναγνώστης anagramma ἀνάγραμμα.
analecta ἀνάλεκτα.
Anaxagorās Ἀναξαγόρας mit ἄναξ zusammengesetzt.
Anaximander Ἀναξίμανδρος ebenso.
anceps -ipitis aus ambceps.
ancīle aus amb-cīle.
ancilla ebenfalls von am amb gebildet, i nach A. R. § 7 B 1.
Ancōna gr. Ἀγκών, a nach dem Umlaut von ancus in uncus.
ancora ebenso.
ancus Ancus ebenso.
Andraemōn -onis Ἀνδραίμων mit ἀνήρ zusammengesetzt.
Andriscus Ἀνδρίσκος von ἀνήρ abgeleitet.
Androgeōs Ἀνδρόγεως.
Andromeda.
Andronīcus.
Andros Ἄνδρος.
ānellus von ānulus abgeleitet.
ānfrāctus nach Analogie von infrāctus cōnfrāctus.
angiportus -ūs aus ang- und portus gebildet.
Angitia von angō, vgl. Servius zu Aen. 7, 750.

angō ānxī augere mit ἄγχω ἄχος nächstverwandt, vgl. A. R. § 6 A 3.

anguis zu angō ἔγχελυς gehörig.

anguilla, ī nach dem Romanischen.

angulus mit angō ancus uncus nächstverwandt.

angustus von angos (angor) gebildet wie venustus von venus.

Aniensis.

animadvertō 3. aus animum advertō.

animāns -antis.

ann- s. adn-.

Anna Perenna mit annus nächst verwandt.

anne wie an.

annōn.

Annius wohl mit annus verwandt.

annōna von anuus, vgl. Plaut. Stich. 179 nach d. Handschr.

annus, freilich öfter mit einem n geschrieben, was auf ā weisen würde, wie in dem nächst verwandten ānulus.

anquīrō 3. aus ambquaerō.

ānsa.

ānser.

antae von ante.

Antaeus Ἀνταῖος von ἀντί ἄντα.

Antandrus Ἄντανδρος aus ἀντί und Ἄνδρος gebildet.

ante mit ἀντί ἄντα ital. anter lat. inter in nahe verwandt.

antecēssor von antecēdō.

Antemnae Ἄντεμναι Strabo 5, 230, Ἀντέμνα Plut. Rom. 17, aus ante und amnis gebildet.

antenna von antenn- intendō ἀνατείνω, ἀντένα D. C.

Antēnor Ἀντήνωρ mit ἀντί zusammengesetzt.

anticipō 1. von ante und cap- (capiō).

antīcus von ante.

Antigonē Ἀντιγόνη mit ἀντί zusammengesetzt.

Antilochus.

Antimachus.

Antiochus.

Antiochīa.

Antiopa.

Antiphatēs.

antīquus von ante.

Antissa, -issa jedenfalls kurze Endung wie in Amphissa.

antistes von ante und sta-, Ἀντέστιος CIG 3336, Ἀνθέστιος Ἐφ. ἀρχ. 2253 und Diod. 15, 51.

Antium zu ἀντί ante gehörig.

Antōnius.

antrum ἄντρον.

ānxius von āncius āncus, Partizipialbildung zu angō, vgl. A. R. § 6 A 3.

Ānxur, auf Münzen Axur, wohl zu ānxius gehörig, die volskische Stadt hiefs später Tarracina, welchen Namen schon die Alten dem griechischen Τραχίν gleichsetzen.

Apellēs Ἀπελλῆς.

Āpennīnus Ἀπέννινα ὄρη.

aper aprī. aprīnus.

aperiō -eruī -ertum 4.

apex -icis.

apiscor aptus sum apiscī, Verbalstamm ap wie aptus zeigt, an ap trat die Inchoativendung mit dem Bindevokal i, vgl. A. R. § 6 D.

aplustre vgl. Lucrez 2, 555, Manilius 1, 694, vielleicht Lehnwort für ἄφλαστον.

Apollō Ἀπόλλων Ἀπέλλων Aplun.

Apollodōrus.

Apollōnia u. s. w.

apophthegma ἀπόφθεγμα.

app- s. adp-

Appius etymologisch mit acca atta Accius Attius nächst verwandt.

Appia.

Appiānus.

Āppulus Āpulus vgl. Āpūlia.

Āppulēius Āpulēius.

aprīcus vgl. Verg. Aen. 6, 312.

Aprīlis vgl. Hor. c. 4, 11, 16.

aprūgnus von aper.

Apsus Ἄψος.

aptus von apiscor.

aptāre.

Aquillius weil daneben Aquīlius.

Arabs -abis.

Arachnē Ἀράχνη vgl. Aesch. Agam. 1492.

arātrum wie arātor.
Araxēs.
Arbēla.
arbiter aus ad-bītere.
arbitrium.
arbitror 1.
arbor.
arbustum wie venustus gebildet, vgl. A. R. § 7 B 4.
arbutum.
arca mit arceō arx nächst verwandt, freilich arcaeBoissieu Inscr. de L. S. 279.
arcānus.
Arcadia Ἀρκαδία.
arceō. 2. mit ἀρήγω und arx nächst verwandt, die Alten leiteten Luperci Λούπερκοι (Plut.) davon ab.
arcera wie arceō.
arcessō und accersō 3. aus ad und cio gebildet.
Archiās Ἀρχίας mit ἀρχή ὄρχαμος nahe verwandt.
Archilochus.
Archimēdēs.
Archÿtās.
arcitenēns, arquitenēns wie arcus.
arctus ἄρκτος lat ursa.
arcus -ūs, die blofse Positionslänge des a bezeugen Pomp. S. 126, 7 und Prisc. de acc. 12, S. 521, 15 K.
Ardea, durch einen Sohn der Kirke gegründet, vgl. Verg. Aen. 7, 411, Κίρκος und d. folg. Wort.
ardea gr. ἐρωδιός.
ārdeliō von ārdeō.

ārdeō ārsī ārsum 2. von āridus ārdus (Lucilius).
ārdēscō 3.
arduus mit arbor verwandt.
ārēscō 3. von ārēre.
Arestoridēs Ἀρεστορίδης.
argentum, a nach Plaut. Pseud. 378 Curc. 613, e nach A. R. § 7 B 2.
argilla mit ἀργός argentum verwandt, i nach A. R. § 7 B 1.
Arginūssae Ἀργινοῦσσαι.
Argos Ἄργος.
Argīvus.
Argō.
Argolis.
Argus.
arguō 3.
argūmentum.
Ariadnē Ἀριάδνη Ἀριάγνη.
arista,-ista wohl Endung wie -ister vgl. A. R. § 7 B 4.
Aristaeus Ἀρισταῖος von ἄριστος gebildet.
Aristarchus.
Aristīdēs.
Aristophanēs.
Aristotelēs.
Aristoxenus Ἀριστόξενος.
arma vgl. Charis. S. 11, Servius comm. in Don. S. 426, Pomp. S. 126, Prisc. de acc. S. 521 K.
Armenia.
armentum zu arma gehörig.
armus zu arma gehörig.
armilla.

Arnus Ἄρνος Strabo 5, 222.
Arpī Ἄρποι Strabo 6, 283.
Arpīnum.
arquātus morbus.
arr- s. adr-.
Arrūns und Ārūns -untis.
Ārruntius.
ars artis vgl. Diomed. S. 431 K.
artifex -icis u. s. w.
Artaxerxēs Ἀρταξέρξης.
Artaxata.
Artemis.
Artemīsium.
artus -ūs Glied, mit arma stammverwandt.
articulus.
artus eng, erst arctus von Wurzel arc wie arca.
Arvernī Ἀρουέρνοι Strabo 4, 189.
arvīna vielleicht verwandt mit haruspex aruspex.
arundō vgl. A. R. § 7 B 2.
arvus arvum von arāre, vgl. Audax excerpta S. 328 K. freilich arvālis CIL VI 913 auf amtlicher Inschrift der ersten Kaiserzeit.
arx vgl. Pomp. S. 130 K.
as assis, davon centussis.
āscendō -endī -ēnsum 3. aus ad-scandō.
Ascanius.
āscia aus axcia mit ὀξύς ἀξίνη verwandt, vgl. Sēstius.
Āsclēpiadēs von Ἀσκλήπιος Αἰσκλάπιος.

Ascra Ἄσκρα.
Asculum wegen der inschriftlich beglaubigten Form Ausculum vgl. Osculana pugna, also wohl Ἄσκλον bei Strabo 5, 241 zu schreiben.
asellus von asinus.
Aspasia.
asper vgl. Diomed. S. 432 K.
asprētum.
āspernor 1. aus ā (ab) und sperno- gebildet.
āsportō 1. aus absportō.
ass- = ads-, doch steht bei Plautus Poen. 1, 2, 67 assum (adsum) als gleichlautend mit āssum dem Gegensatze von ēlīxum.
asser von ad und serere gebildet.
assir Blut gr. ἔαρ εἶαρ.
āssus aus ārsus von ār- (ārēre ārdēre).
Assyria.
ast vgl. Cled. ars S. 28 K.
Astraeus Astraea Ἀστραῖος Ἀστραία von ἀστήρ vergl. astrum.
astrum ἄστρον, a prothetisch von W. ster (stēlla).
astu ἄστυ.
āstus -ūs wohl aus axtus (w. Sēstius aus Sextius) und mit ὀξύς verwandt.
āstūtus.
Astyanax -actis Ἀστυάναξ von ἄστυ und ἄναξ (ἄναχες).
Atalanta vom Stamme τάλαν.

Marx, Hulfsbuchlein.

Atax -acis.
Ātella Ἀτέλλα Strabo 5, 249, „Schwarzburg".
Ātellāna.
āter ātra ātrum.
ōtrāmentum.
Aternum Ἄτερνον Strabo 5, 241.
Atbamās -antis.
Athēniēnsis.
āthla ἄθλα.
āthlēta.
āthlēticē.
Atlās -antis vgl. Ov. met. 4, 772.
atque aus ad-que.
atquī aus at-quī.
Atreus.
Atrīda vgl. Prop. 3, 14, 1 Haupt.
ātrium nach Serv. zu Verg. Aen. 1, 726 von āter.
ātriēnsis vgl. Plaut. As. 264, 334, 347, 352.
atrōx -ōcis vgl. Hor. c. 1, 15, 27.
Attalus.
attamen.
attegia von ad und tegere.
att- = adt-, attollō aus ad-tollō u. s. w.
Atticus Ἀττικός.
Attis Ἄττις u. Ἄτυς.
auceps -ipis.
auctōrāmentum vgl. A.R. § 7 B 2.
audāx -ācis.
audācter.
Avellānae von Abella.
Aventīnus Ἀυεντῖνος Dionys. Ἀβεντῖνος Plut.
Avernus Ἄορνος Strabo 5, 244.
Averruncus von āvertō

abgeleitet, -uncus wie -unculus A. R. § 7 B 5.
auferō abstulī ablātum auferre, abstulī mit kurzer erster Silbe Plaut. Aul. 645.
augēscō 3. von augēre.
augmentum vgl. A. R. § 7 B 2.
augustus v. augur, vgl. Αὐγοστησίων συναγωγή CIG 9902.
avonculus vgl. -unculus A. R. § 7 B 5.
aurifex -icis.
Auruncus Aurunca vgl. Ausones Αὔσονες.
Aurunculēius, Αὐρογκολήϊος b. Max. Plan. im Cäsar, so nach handschriftlicher Spur auch Polybius 33, 1, 2.
auscultō 1. von auricula abgeleitet, auch nach dem Romanischen u.
auspex -icis.
autumnus Participialbildung wie alumnus, gr. -όμενος.
āxāmenta von Wurz. ag sagen, ā nach Analogie von A. R. § 6 A 3.
āxilla Deminutiv von āla Achsel vergl. Schmitz, Beiträge S. 47 f. und A. R. § 7 B 1.
āxis von Wurzel ag führen, vergl. ago āctus, freilich später a vgl. Charis. S. 11 u. 12, Diomed. S. 428 K.

2

B.
bacillum Stöckchen Deminutiv von baculum.
Bactra Βάκτρα.
balatro vgl. Hor. sat. 1, 2, 2.
balbus Balbus Βάλβος.
balbuttio und balbutio 4.
Ballio.
ballista von βάλλω abgeleitet.
balneum neben balineum (Varro u. a.).
balsamum.
balteus.
bambalio Reduplikation.
Bandusia Πανδοσία doch wohl vom Stamme παν
Bautia.
barathrum vgl. Vergil Aen. 3, 421.
barba vgl. imberbis. Ahenobarbus Ἀηνόβαρβος; Plut. Aem. 25.
barbatus u. s. w.
barbarus gr. βάρβαρος Reduplikation, vgl. βορβορύζω und βερβερίζω (Et. M.).
barbitos.
bardus von baro.
barritus neben baritus
barrus Barrus vielleicht m. βαρίς verwandt.
Bassareus.
Bassus Βάσσος.
Bathyllus.
Bebryx Βέβρυκες, Gen. Bebrycis und Bebrycis.
Belgae Βέλγαι.
Bellerophon -ontis Βελλεροφῶν -ῶντος.
Bellona aus Dvellona vgl. bellum.
Bellovaci Βελλουακοί.

bellua und belua.
bellum aus dvellum: Zweikampf, Βελλικός auf Münzen Mion. 1 386. vgl. rebellis und A. R. § 7 B 1.
bellus aus benulus.
Beneventum Βενεουεντός Βενεβεντός Dio Cass. App.
benignus vgl. Prisc. II, 63 S. 82 H.
Berecyntus Βερέκυντος.
bessis besis aus bi (dvi) und assis.
Bessi bei Herodot und Dio Βησσοί, bei Polybius u. a. Βέσσοι.
Bessus Βησσός.
bestia Bestia Βηστίας Plut. Mar. 9, Cic. 23.
Betriacum Βητριακόν Plut. Oth. 8, 11, 13.
bibax -acis.
bibliotheca bybliotheca von βίβλος βυβλίον.
biceps -ipitis.
bidens -entis.
bidental.
biennis wie annus.
bilibris wie libra, vgl. Plaut. Mil. 853.
Billius Billienus wegen Bilius Bilienus.
bimenstris und bimestris.
bipennis bipinnis wie penna pinna.
birrus burrus wohl aus πυρρός.
Biturix -igis.
blandus nach Analogie von amandus vgl. A. R. § 6 B 1 c.
blatta.
blennus βλεννός.

Bocchus Bocchar Βόκχος Strabo 17, 828.
bombyx -ycis βόμβυξ.
Borystheněs Βορυσθένης.
Bosporus Βόσπορος.
Bovillae wie bovillus von bovinus, vgl. ovillus suillus.
braccae braceae, bei Hesych. freilich βράκκαι.
bracatus.
bracchium gr. βραχίων welches Pollux 2, 138 von βραχύς ableitet.
brassica bei Hesych.: βράσκη· κραμβη Ἰταλιῶται.
brattea.
Brennus Βρέννος.
Britannus vgl. Diomed. S. 526 K. gr. freilich auch Βρεταννοί, Βρεταννίς Dionys. Per. 566.
Brixia it. Brescia.
Brontes Βρόντης.
Brundisium Βρεντέσιον.
Brundisini Βρεντεσῖνοι.
Bruttii Brittii vgl. Βρέττιοι.
bubrestis βούβρηστις.
bubulcus von bubulus, Βούβολκοι Plut. Quaest. Rom. 41 S. 275.
bulbus Bulbus βυλβός, Βολβός Jos. Ant. Jud. 14, 10, 13.
bulga.
bulla, Varro hielt es für βόλλα äol. = βουλή Plut. Quaest. Rom. 101 S. 288 B, auch nach dem Romanischen u.

bustum wie combūrō combūstum.
Būthrōtum *Βούθρωτον*
buxus *πυξός*.
Buxentum vgl. *Βυξεντῖνος* Athen. 1. 27 a.
Byblis *Βύβλις*.
Byllis *Βύλλις*.
Byzantium viell. ȳ.

C.

caballus Deminutiv von cabo cabānus vgl. homo hūmānus, gr. *κάβαλλος, μονοκάβαλος* D. C.
cachinnus, -innus jedenfalls kurze Endung.
Cadmus *Κάδμος* vgl. Pind. Pyth. 8, 47.
caelebs -ibis.
caelestis *Κελεστείνου* CIG 4588, *Κελέστιος* Zos. 4, 16.
caementum vgl. A. R. § 7 B 2.
Caesennius *Καισέννιος* Dio C. 43, 40.
Caesernius *Καισερνίου* CIG 3771 Plut. Symp. 7, 4 S. 702.
Calaber -abra -abrum.
Calabria.
curia Calābra.
calamister und -istrum vgl. A. R. § 7 B 4.
calathiscus *καλαθίσκος*.
calcar von calx Ferse.
calceus ebenso.
Calchās -antis *Κάλχας*.
calcitrō 1. von calx Ferse.
calcō 1. vgl. calx Ferse und den Umlaut in conculcāre prōculcāre.
calculus von calx Stein; auf lässige Aussprache späterer

Zeit und vielleicht ā weist die häufige Variante cauculus, im Ed. Diocl. *καυκουλάτωρ*.
caldu u. caldārium aus calida calidārium.
calendae *καλένδαις* Lydus de mens. 4, 53, 57, de ost. 59 und sonst.
calēscō 3. von calēre.
caliendrum.
calix -icis.
calleō 2. zu callum gehörig.
callidus von calleō.
Calliopē *Καλλιόπη* wie *κάλλος*.
Calliroē.
callis mit *κέλευθα ἀκόλουθος* verwandt.
Callistō *Καλλιστώ* wie *κάλλιστος κάλλος*.
callum wahrscheinlich von ebenderselben Wurzel w. calamus cellere u. a.
Calpurnius *Καλπόρνιος* CIG 4366 w 10, *Καλπύρνις* 6674, *Καλπόρνιον* CIA III 601, 602, 607, *Ἐφ. ἀρχ.* 2764; bei Plutarch Numa 21 wird der Name von *Κάλπος* abgeleitet.
calva wie calvus.
calvēscō 3. von calvēre.
calumnia wohl durch Contraction aus caluumnia entstanden und Participialbildung zu calvī, vgl. alumnus.
calvus Calvus wie calūmnia, *Κάλβος* bei Plut. Ael.
calx Ferse vergl. *λάξ* und caliga.

calx Stein *χάλιξ*.
Calypsō *Καλυψώ* von *καλύπτω*.
Cambȳsēs.
camella von camera.
Camers wie Camerium, *Καμέρτιοι* Pol. 2, 19.
Camillus, ī nach Prob. app. S. 197 K. i nach Mart. Cap. 3, S. 65, 22 Eiss.
Campānī Campānia zu Capua gehörig.
campester von campus, *καμπέστριος* Lyd. de ost. 10, *καμπέστριον* Heron de Chirob. S. 65.
campus mit Capua verwandt, vgl. Campānī und *Μακροὶ Κάμποι* Strabo 4, 216.
cancelli von cancer Gitter, vgl. Frgm. de acc. e cod. Bob. (nunc Vind. XVI) S. 142 Endl. *καγκέλλους* Lyd. de mag. 3, 37.
cancer Gitter m. *κιγκλίς κογχύλη* verwandt.
cancer Krebs mit *καρκίνος κέρχνος* verwandt.
candēla von candeō.
candēlābrum.
candeō 2. vielleicht verwandt mit *κοδομεύς*, vgl. cicindēla Leuchtkäfer und incendō.
candēscō 3.
candidus.
candor.
cānēscō 3. von cānēre.
canistrum *κάνιστρον*, daneben *κάνυστρον* und *κάναστρον*.
canna.

2*

Cannae *Κάνναι*.
cano cecini cantum 3.
cantus -ūs.
Cautaber -abrī.
Cautabria.
cantharus.
cantō 1. von cano, vgl.
Frgm. de acc. e
codice Bob. (nunc
Vindob. XVI) S. 142
Endl.
capāx -ācis.
capella von cap(e)ra.
capessō 3. von capere.
capillus Deminutiv von
demselben Stamme
wie caput, auch nach
dem Romanischen i.
capiō cēpī captum 3.
captō 1.
capistrum Ableitung von
cap-, vgl. capides.
Cappadox -ocis.
capra wie caper.
caprea vgl. Verg. Aen.
10, 725.
Capreae Juv. 10, 72.
*capricornus.
caprificus.
capsa von capiō, aber
καμψαρίῳ für ca-
psario im Ed. Diocl.
und *κάμψα· θήκη*
Hesych. weisen auf
ā, vgl. *ληψ- λημψ-
λήμψεται* (CIG 4307
S. 161).
captīvus v. capiō cap-
tus.
carbasus.
carbō mit cremāre ver-
wandt?
carbunculus vgl. A. R.
§ 7 B 5.
carcer gr. *κάρκαρον*,
Reduplikation.
carchēsium *καρχήσιον*.
cardiacus von *καρδία*
vgl. *κέαρ* cor.

cardō mit cor caro ver-
wandt.
carduus vergl. carere
kämmen.
cārex -icis.
cārectum.
carmen aus casmen vgl.
Camēna.
Carmenta *Καρμέντα*
Καρμεντάλια Plut.
Rom. 21. Lyd. de
mens. 1, 8.
Carna z. cardō caro geh.
Carneadēs.
Carnī *Κάρνοι* Pol. Str.
Carnūtēs.
caro carnis.
carnārium.
carnifex -icis.
Carpathos.
carpentum *κάρπεντον*
Dio Cass. 60, 22.
carpō carpsī carptum 3.
cārrus nach der Schrei-
bung *καρον* im Ed.
Diocl.
cārrūca cārūca nach
καρουχ- Ed. Diocl.
Carthāgō.
Carventus *Καρουεντός*.
caruncula v. caro car(o)-
nis s. A. R. § 7 B 5.
Carystos *Κάρυστος*.
caseus w. Casinum (forum
vetus), Voc. *Κάσκα*
Plut. Brut. 17.
Caspius.
Cāssandra Cāsandra vgl.
Tzetzes z. Lycophr.
S. 271 Müller.
Cāssiopē wohl von dem-
selben Stamme wie
Cāssandra.
cassis Helm.
cassis Netz.
Cassius.
cassus *κάσσος* Suidas.
Castalia.
castaneus.

castellum von castrum,
κάστελλος Hesych.
castīgō 1. von castus.
Castor *Κάστωρ*.
castorcum.
castrō 1. mit *κέστρον*
Griffel verwandt?
castrum mit casa ver-
wandt, gr. *κάστρον*
κάστρα.
castrēnsis *καστρήσι-
ος* D. C.
castus von cas- (carere
kämmen).
catalēcticus *καταληκτι-
κός*.
cataphracta *καταφρά-
κτης*.
catapulta *καταπέλτης*.
cataracta *καταράκτης*.
catasta von *κατά* und
στα-.
catella aus catēnula.
catellus von catulus
caterva wie Minerva u. a.
cathedra *καθέδρα*.
catillus von catinus.
Cātillus vgl. Cātilī Hor.
c. 1, 18, 2.
Catullus vgl. Diomed.
S. 431, 27 K. und
Serg. de acc. S. 483,
18 K.
caudex -icis.
caverna von cavos, vgl.
caterva.
cavillor 1. vgl. cavillā-
tiō mit gekürzter 2.
Silbe Pl. Truc. 3,
2, 17 und Stich.
226.
Caystrus *Κάυστρος*.
Cebrēnis *Κέβρην* Strabo
13, 607.
Cecrops -opis *Κέκροψ*.
cēdō cēssī cēssum 3.
cēssiō.
cedrus *κέδρος*.
celeber celebris celebre.

celebrō 1. vgl. Verg. Aen. 1, 735; 3, 280.
cella mit oc-culere clam verwandt, vgl. κέλλιον κελλάριος Κεντουκέλλαι (Contumcellae) Σύγκελλος.
celōx- ōcis.
celsus mit ex-cellere nächst verwandt,gr. Κέλσος z. B. CIA III 1202 25, 29, 152.
Celtae Κέλται.
Celtibērī Κελτιβῆρες.
Cenchreae Κεγχρεαί.
Cenchrēis.
cēnseō 2.
cēnsor osk. keenzstur, κήνσωρ Lyd.de mag. 1, 39, 43.
Cēnsōrīnus Κηνσωρῖνος Plut. C. Marcius 1, vgl. CIA III add. 68 c.
cēnsūra κηνσούρα Ld. de mag. 1 epit.
cēnsus -ūs κῆνσος Lyd. de mag. 2, 30, CIG 3497, 3751.
centaurus κένταυρος.
centiceps -ipis vergl.
centum.
centō κέντρων Eustath. κέντων Polyb. 28, 11, κεντών Suid.
centrum κέντρον.
centumκεντηνάριοι Lyd. de mag. 3, 7, 21, auch nach dem Romanischen c.
centumvir.
centuria κεντυρία CIG 4716 d 47, 5074, 5081, κεντουρία 5046.
centuriō κεντυρίων CIG 4963, κεντουρίων Polybius und Lydus.

centussis vgl. as assis.
Cēphīssus besser Cēphīsus, Κηφισός vgl. Κηφεισιεύς CIA III 111432, 112023, 116411 und sonst.
cerastēs κεραστής von κέρας.
Cerberus Κέρβερος.
Cercōps -ōpis Κέρκωψ.
cerebrum vgl. Ilor. sat. 2, 3, 75.
cernō 3. zu certus gehörig.
cernuus mit cerebrum nahe verwandt.
cerritus aus cererītus, vgl. lāruātus lymphāticus.
certus, byz. κέρτον, auch u. d. Romanischen e.
certāmen.
certāre.
cervīx -īcis mittelgriech. κερβικάριον u. κερβούκολος.
cervīcal.
cervus mit cornu verwandt, span. ciervo.
cēssō 1. von cēdō.
Cestius Κέστιος.
cestrum κέστρον.
cestus Gürtel κεστός.
cētra.
cette Plur. von cedo.
Ceyx -ycis.
Chalcēdōn -onis Χαλκηδών -ονος von χαλκός vgl. χάλυβες.
Chalcis Χαλκίς wie χαλκός s. d. v. W.
Chaldaeus.
Chalybs -ybis.
character χαρακτήρ vgl. χάραξ χάρακος.
charistia caristia χαρίστια.
Charōndās Χαρώνδας.
charta χάρτης.

Charybdis.
chelydrus vgl. Sil. It. 8, 498.
Chersonēsus Χερσόνησος.
Cherūscī? Χερούσκοι.
chiragra besser cheragra vgl. Mart. 1, 98.
chīrographum.
chīrūrgus χειρουργός.
chorda corda von χορδή, κόρδα D. C. span. cuerda.
Chrȳsippus vergl. Philippus.
cicātrix -īcis.
cicātrīcōsus vgl. Plaut. Amph. 446.
Cilix -icis.
Cilissa.
Cilla Κίλλα nach Schol. zu Hom. Il. Λ, 38 von Κίλλος benannt.
Cimbri Κίμβροι Strabo 7, 291.
cīmex -icis.
Cimmerii Κιμμέριοι, nach dem Et. M. auch Κεμμέριοι.
cincinnus gr. κίκιννος.
Cincinnātus.
Cincius = Quinctius von quinque? Cinclus CIL VI 1058, 4, 2, Cinciae Grut.557,6.
Cingetorix -igis.
cingō cīnxī cīnctum 3. cingō nach dem Romanischen, cīnxī cīnctum nach A. R § 6 A 3.
cingulum.
cīnctus -ūs.
cīnctūra.
Cinna, Κίνναι Plut. Brut. 29.
cinnamum.
Cinyps -ypis neben Cinyphus.

cippus auch cīpus.
circa s. circus.
Circē nach den Alten
v. κίρνημι (κεράν-
νυμι) oder κερκίς.
Circēī wie Circē.
circiter w. d. f. W.
circus verwandt m. cur-
vus u. κύκλος (κέρ-
κος κίρκος dor.).
circulus κερκέλλιον
D. C.
circēnsis.
circiter circum u. s. w.
cirrus.
Cirta.
cista κίστη.
cistella.
citharista κιθαριστής.
citrā vgl. citerior.
citrō.
citrus citreus vgl. Pers.
1, 53.
clandestīnus Ableitung
von clam, vgl. blan-
dus und intestīnus.
clangor gr. κλαγγή wo-
von κλαγερός Anth.
Pal. 6, 109.
clārēscō 3. von clā-
rēre.
clāssis von calāre, mit
clārus clāmō nächst
verwandt vgl. Dio-
nys. Ant. 4, 18.
clāssicum.
clāssicus.
clātrī κλῇθρα.
Cleanthēs Κλεάνθης vgl.
ἄνθος.
clēmēns -entis Cléméns
CIL II 4550, Κλή-
μης CIA III 1094
20, III 4₅₇, 1138 ₂₃,
vergl. Κλήμεντος
CIG 3757, Κλήμεν-
τι 1829.
clēmentia.
Cleopatra Κλεοπάτρη

vgl. Κλειοπάτρην
Apoll. Arg. 2, 239.
clepo clepsī cleptum 3.
clepsydra κλεψύδρα,
vgl. hydra.
cliēns clientis, κλίεντιας
Plut. Rom. 13, κλιέν-
της fort. Rom. 10,
Lyd. de mag. 1, 20.
clītellae v. clītra abgl.
vgl. clīnō κλῖμα.
Clīternum Κλείτερνον
Ptol. 3, 1.
Cluentius Κλοέντιος
App. b. civ. 1, 50.
Clytaemnēstra Κλυται-
μνήστρα.
Cnōssus Κνωσσός.
coalescō 3. von alere
vgl. A. R. § 6 D.
Coccēius Κοκκήιος z. B.
CIA III 571, vgl.
1121 ₆₀-₆₂.
coccum κόκκος.
cochlea coclea κοχλίας,
vgl. Hor. sat. 2, 4,
59, Mart. 14, 121.
cochlear coclear vgl.
Mart. 14, 121.
cocles Cocles Κόχλιος
Plut. Publicola 16.
codex -icis.
codicillus byzant. κω-
δίκελλος.
Codrus Κόδρος.
coerceō 2. wie arceō.
cognātus.
cognomen.
cōgnōscō cōgnōvī cōgni-
tum 3. s. nōscō.
cōgō coēgī coāctum 3.
aus co-ago.
cohors -ortis etymolo-
gisch mit hortus
χόρτος verwandt,
κούρτις CIG 6771,
Polyb. 11, 23, κοόρ-
της Lyd. de mag.
1, 46, vgl. Diomed.

431, 22 K., wird
contrahiert in chōrs
chōrtis vgl. χώρτης
CIG 3902 c, 5052
add. 5783 c, ebenso
im Romanischen.
Colchī Κόλχοι.
collābor 3. collocō 1.
u. s. w. aus con-lā-
bor con-loco u. s. w.
Collātia Κολλατία.
Collātīnus Κολλατῖ-
νος.
collēcta = conlēcta von
lego lēctus.
collēctiō.
collēga besser conlēga.
conlēgium.
colligō -ēgī -ēctum 3.
s. lego.
collis mit ex-cellere culmus κολωνός ver-
wandt, vgl. Κολλῖ-
νοι, Κολλῖνος λό-
φος, Κολλίνη πύλη
u. s. w.
collum mit collis ver-
wandt, bei Plautus
und Catull in Wort-
spielen mit collo-
cāre.
collybus κόλλυβος.
collyrium κολλύριον.
colo coluī cultum 3.
colossus κολοσσός.
coluber colubrī.
colubra.
columba, nach dem Ro-
manischen u.
columella von colum(e)na
abgeleitet.
columna wie columen.
colurnus von derselben
Wurzel wie corulus
abgeleitet.
combūrō -ūssī -ūstum 3.
cōmissor 1. gr. κωμάζω
vgl. μαχανά mā-
china u. a.

cōmissātio.
comm- aus conm-.
commendō 1. wie mandō.
commentor 1. wie memini comminiscor.
commeō 1. v. con u. meo.
commeātus -ūs κομίατον Hesych.
commercium aus commerc- s. merx, κομμέρκιον An. Comm. 6, 5 (5, 287 Bonn.), κομμερκιάριοι C. Porph. de caer. aul. 2, 52 S. 717 Reiske.
comminiscor commentus sum comminisci vgl. A. R. § 6 D.
commenta κόμεντα Ld. de mag. 3, 18, 19.
commentāriēnsis κομεντᾰρίσιος Hesych. κομμεντᾰρίσιος Lyd. de mag. 3, 4 u. öfter.
comminuus v. commanus vgl. ēminus.
commodus Commodus a. com-modus, Κόμμοδος, κόμοδα Suidas.
communis von con und mūnus.
cōmō cōmpsi cōmptum 3.
comp- aus coup-.
compāgēs zu com-paugō gehörig.
compār -aris.
compendium von compendere.
comperiō comperī compertum 4. von comperiō.
compēs -pedis von comped-.
compēscō 3. aus comped-scō zu compēs gehörig.

compingō 3. von compangō.
compitum von com-pitum vergl. perpetuus perpes, κομπίτους Κομπιτάλια Dionys. Ant. 4, 14.
complector complexus sum 3. von plectō.
con- in Zusammensetzungen, aber cōnfcōus-.
concentus wie concinō.
concha κόγχη.
concilium von con-cilium vergl. domicilium.
conciliō 1.
concinnus aus con-cinnus.
concipiō -cēpī -ceptum 3.
concors -cordis wie cor.
concordia κονκορδία Strabo 5, 214.
conculcō 1. aus concalcō.
concumbō 3. wie cubo.
concupīscō 3. vgl. cupītus cupīdinēs.
condiō 4. spätgr. κονδῖτον = condītum.
condō 3. aus con-dō, vgl. Frgm. de acc. e cod. Bob. (nunc Vind. XVI) S. 142 Endl.
condolēscō 3. von condolēre.
cōnexus von cō-nectō.
cōnfābulor.
cōnfarreātiō vgl. farīna.
cōnferō contuli conlātum cōnferre.
cōnfēstim von con-fend- vgl. infēstus manifēstus.
cōnficiō -fēcī -fectum 3.

cōnfēcit Cic. or. 48, 159.
cōnfīdō -fīsus sum 3.
cōnfīnis.
cōnfirmō 1. s. firmus.
cōnfiteor -fessus sum 2.
cōnflagrō 1.
cōnflīgō -īxī -īctum 3.
cōnflīctus -ūs.
cōnfluō -ūxī -ūxum 3.
cōnfodiō -fōdī -fōssum 3.
cōnfugiō -fūgī -fugitum 3.
congelāscō 3. von congelāre.
congeriēs von con-gero.
congestus ebenso.
congius vgl. gr. κόγχος κογχίον, κογγιάριον Georg. Synk. Chronogr. S. 211 und sonst.
congredior congrēssus sum 3. s. gradior.
congrus γόγγρος Plut. Mor. 1198, 3.
coniciō -iēcī -iectum 3. vielleicht cōn- vgl. A. R. § 6 C Anm.
coniectūra.
cōniungō cōniūnxī cōniūnctum 3. vgl. cōniunx und iungō, coniūnxit Wilm. Ex. inscr. L. 104 S. 29, 21.
cōniugium.
cōniunx -iugis, oft coniux z. B. CIL V 2215, 4658, 5388, cóniugi CIL V 1066.
coniūrō 1. vielleicht cōnvgl. A. R. § 6 C Anm.
cōnscius.
cōnscientia.
cōnsecrō 1. von sacro sacer, cónsecratam CIL VI 1527 e 57.

Cōnsentia Κωνσεντία Ptol. 3, 1.
cōnsequor 3.
cōnsīderō 1.
cōnsīdō -sēdī -sessum 3.
cōnsilium κωνσίλιον Plut. Rom. 14.
cōnsors -sortis.
cōnspiciō -exī -ectum 3.
cōnspectus -ūs.
cōnstāns -antis (Κώνστας, Κώνσταντος Dio u. a.)
cōnstantia.
Cōnstantīnus Κωνσταντῖνος.
cōnsternō 1.u.3. s. sternō.
cōnstō 1. cónstú ClL VI 1527 d 64.
cōnsuētūdō.
cōnsul cōnsulibus ClL V 26, 43, cós VI 1030, 1058 u. sonst.
cōnsulō cōnsuluī cōnsultum 3.
cōnsultō 1.
cōnsultrīx -īcis.
Cōnsus Κώνσος Plut. Rom. 14.
Cōnsuālia Κωνσουάλια Dionys. 2, 31.
contāgiō von con-tangō.
contāminō 1.
contāminātiō.
contemnō -tempsī -temptum 3. Die Kürze des Vokals im Perf. bezeugt Prisc. de acc. 41 S. 527, 25 H.
contemplor 1. vgl. templum.
contentus von contineō.
conticēscō 3. von contacēre.
contiguus vgl. contingō.
continēns -entis.
continentia.
contingō -tigī -tāctum 3. von con-tangō.

continuus zu contineō gehörig.
contiō contrahiert aus cōventiō, coventionid S. C. de Bacch.
contrā von con abgeleitet, vgl. span. incuentro.
contrēctō 1. wie trāctō.
contremīscō 3. vom Verbalstamme trem-, vgl. tremescō und A. R. § 6 D.
controversia s. vertō.
contubernium von taberna abgeleitet, gr. κοντουβέρνιον κοντουβερνάλιος.
contumāx -ācis κοντόμαξ D. C.
contumēlia κοντομελία D. C., mit contus zusammengebracht bei Petron sat. 56.
contus κοντός.
convalēscō 3. von convalēre.
conventus -ūs von conveniō, κομβέντος Lydus de mens. 1, 26.
convexus altes Particip aus convectus geh. s. veho.
convīcium wohl zu vox vōcis gehörig.
convīva.
convīvium.
coquo coxī coctum 3. byzant. δεκοκτορεύειν.
cor cordis vgl. concors, auch nach dem Romanischen o.
Coralli Κόραλλοι.
corbis mit κόλπος verwandt.
corbīta.
Corbulō Κορβούλων.

Corcyra Κέρκυρα und Κόρκυρα.
cordāx -ācis κόρδαξ.
Corduba Κόρδυβα Strabo 3, 141.
Corfīnium Κορφίνιον Strabo 5, 238.
Corinthus Κόρινθος von κορ- (κόρυς κορυφή).
Cornēlius gr. Κορνήλιος z. B. CIA III 1121 7, 68, 1160.
Cornificius Κορνιφίκιος Dio C.
cornīx -īcis vgl. gr. κορώνη.
cornīcula.
cornū gr. κέρας, span. cuerno, vgl. κόρνιξες Lyd. de mag. 1, 46.
corniculum, Corniculum Κόρνιχλος St. B. Κορνίχολος Dion. Ant. 3, 50., κορνοκλάριον (cornuclārii) Kaibel Syll. 353.
cornus.
Cornūtus Κορνοῦτος CIG 3671, CIA III 1169 81, add. 132 h.
corōlla aus corōnula.
corpus span. cuerpo.
corr- in Zusammensetzungen aus conr-, s. con-.
corrigia κορυγία D. C.
corrigō -rēxī -rēctum 3. wie regō.
corripiō -ripuī -reptum 3. aus con-rapiō.
Corsica Κόρσικα Κορσική Κορσίς und Κύρνος.
cortex -icis w. corium.
cortīna κορτίνα D. C., auch nach den Etymologien von Ser-

vius zu Verg. Aen. 3, 92 u. 6, 347 o.
Cortōna Κόρτωνα.
Coruncānius Κορογκάνιος Pol. 2, 8.
coruscus.
corvus span. cuervo, κόρβος D. C.
Corvinus Κορβῖνος Plut. aber Córvinus CIL VI 2041, 62.
Corybās -antis.
corymbus mit κόρυς κορυφή verwandt.
Coscōnius Κοσκώνιος Diod. Plut. App.
Cossus Κόσσος Diod. Plut.
costa span. cuesta.
costum κόστον.
cothurnus κόθορνος.
Cotta Κόττας Plut. App.
Cottius Κόττιος Strabo 4,178, 204, Zonaras ann. 12, 35.
cōturnīx -īcis n. Analogie v. A. R. § 7 B 3.
coxa mit costa und κοχώνη nächst verwandt, auch nach dem Romanischen o.
coxendix -icis wie appendix.
crābrō vgl. Plaut. Amph. 707.
crambē κράμβη zu κόρυμβος gehörig.
crassus Crassus Κράσσος.
crāstinus von crās.
Cratippus wie Philippus.
creātrīx -īcis w. creātor.
crēber crēbra crēbrum.
crēbrēscō 3. vgl. A. R. § 6 D.
crēbrō.
crepundia von crep- (crepere) vgl. A. R. § 7 B 2.

crepusculum und Crepuscī Ableitungen von creperus nach Varro d. l. l. 6, 5.
crēscō 3. wie crēvī, Κρήσκης CIG 7206, CIA III 11632₃, Κρήσκηνς CIG 6012 c, CIA III 106222, vgl. 1994f. 3888, 6249 u. Κρήσκεντι CIG 1994f.
Crēssa Κρῆσσα.
Crēssius Κρήσσιος.
Crētēnsis.
crībrum vgl. Plaut. Most. 55, Rud. 102.
crispus Crispus.
Crispīnus Creispinus IRN 2795, Κρεισπεῖνος CIG 4342 S. 1162 (also auch Κρῖσπος).
Crissa bess.Crisa, Κρῖσα.
crista κρέστα D. C. auch nach dem Romanischen i.
crotalistria von crotalum abgeleitet vgl. A. R. § 7 B 4.
Crotōniēnsis.
cruentus von cru- (cruor) vgl. A. R. § 7 B 2.
crūsta wie crūdus und crūstum, vgl. span. crusta.
crūstum crústum CIL I 1199.
crux crucis.
cucullus mit oc-culere nächstverwandt.
cucurbita.
culcita.
culex -icis.
culleus wie cullulus.
culmen aus columen.
culmus m. κάλαμος u.
culmen nächstverwandt.

culpa, einst colpa, auch nach dem Roman. u.
culter wohl mit gladius per-culī verwandt.
cultor und cultus von colo.
cululus Deminutiv von cul- (culleus).
cunctor 1. zu ὄκνος gehörig? Festus S. 51 stellt coctio (wofür auch cuctio) und cunctor zusammen, wonach Verrius Flaccus o und u in diesen Wörtern kurz ausgesprochen zu haben scheint.
cūnctus aus cōiūnctus.
cuppedia neben cupedia.
cupressus κυπάρισσος, vgl. Verg. Aen. 3, 714; 6, 216.
cuprum.
curculiō und gurguliō it.
gorgogliare, span.
gorgojo, mit circus curvus nächstverwandt.
currō cucurrī cursum 3. vgl. Frgm. de acc. e cod. Bob. (nunc Vindob. XVI) S. 142 Endl.
currus-ūs vgl. curūlis.
cursus -ūs.
Curtius v. curtus, vgl. Κορτίου CIA III add. 181 c.
curtus, nach dem Romanischen u.
curvus mit κυρτός u. circus nächstverwandt, auch nach dem Romanischen u.
cuspis.
cūstōs von cūrāre, κουστωδής Lydus de mag. 1, 46.

cŭstōdēla.
cŭstōdiō 4.
Cyclas wie Cyclōps.
Cyclōps -ōpis vgl. Hor.
c. 1, 4, 7, Ov. met.
3, 305.
cycnus und cygnus *κύκνος*.
Cydippē -ēs mit *ἵππος* (equus) zusammengeges. vgl. Philippus.
cylindrus *κύλινδρος*.
Cyllēne *Κυλλήνη* mit *κύλιξ* verwandt.
cymba cumba zu *κύμβος κύβος* cubāre gehörig.
cymbium.
cymbalum wie cymba.
Cynthus *Κένθος*.
Cyprus vgl. Hor. c. 1, 3, 1.
Cyzicus.

D.

dactylus *δάκτυλος* vgl. digitus.
Dalmata.
Dalmatia.
Dalmaticus.
damma besser als dāma.
damnum aus damenum Participialform von dare entsprechend *διδόμενον*.
Daphnē *Δάφνη* wie *λάγνης* und *λάγνος*.
daps dapis.
december von decem, *Δεκέμβριος* Dio C. 54, 21, Lydus de mens. 4, 93, 94, CIG 2712, 3834, 6179 und sonst.
decempeda von decemped-.
decemplex -icis u. s. w.
decens -entis.
decenter.
Decentius *Δεκέντιος*.

decipio -ēpi -eptum 3.
dēclārō 1.
dŏchmō 1.
declivis.
decrepitus Plaut.
decumbō 3. wie cubo.
decutiō -ussi -ussum 3.
deliciō -ēci -ectum 3.
defendō -endi -ensum 3. von dē und tendō = gr. *θείνω*; für defendi bezeugt die Kürze des e Prisc. 9, 29 S. 467, 1 H. ebenso weist d. Romanische auf Kürze d. Stammvokals; byzant. *δηqενδεύειν* u. *δεqένδευσις* D. C.
defetiscor 3. wie fatiscor.
deformis wie forma.
deformo 1.
defunctus defunctis CIL V 1326.
degredior -essus sum 3. s. gradior.
degressio.
deinceps Schluss-e wie in princeps.
delecto 1. von deliciō delectum, e auch nach dem Romanischen.
deligo -ēgi -ectum 3. wie lego.
delitesco 3. von dē-latere.
Delphi *Δελqοί*.
delubrum vergl. Plaut. Poen. 5, 4, 2.
demens -entis.
Demetrius *Δημήτριος*, vgl. Plaut. Bacch. 912.
demo dempsi demptum 3.
Democles *Δημοκλῆς*.
Democritus *Δημόκριτος*.
Demosthenes *Δημοσθένης*.

dens dentis *δέντης* Plut. Quaest. symp. 8, 6 S. 727A, vgl. Beda S. 230 K., vor nt auch nach dem Romanischen e.
Dentatus *Δεντᾶτος*
Dionys. Ant. 10, 36.
deusus Deusus *Δῆνσος* Dio C. 64, 6.
deorsum aus devorsum s. verto.
depeciscor 3. w. paciscor.
deportō gr. *δηπορτᾶιος*.
depsō 3. *δέψω*.
descendō -endi -ensum 3. span. desciendo.
desero -erui -ertum 3. *δησέρτωρ* D. C.
designō 1.
despiciō -exi -ectum 3.
destinō 1. aus dē-stino vgl. obstinō.
destituo von dē-statuo.
detestor 1. s. testor.
detrectō 1. v. dē-tractō.
detrimentum von dē-ter-, vgl. A. R. § 7 B 2.
deversor 1. von dē und verto versus.
devexus s. veho vexus.
deūnx wie ūncia.
dextans aus dē-sextans.
dexter vgl. gr. *δεξιός*, *Δέξτρος* Consul J. 196, span. diestre.
dextrorsus aus dextrovorsus.
dialecticus *διαλεκτικός*.
dicax -acis.
dico dixi dictum dicere s. Gellius 9, 6, prodeixerit CIL I 198, 75 b, dixi Boissieu Inscr. de L. S. 136, it. dissi detto dem dixi dictum genau entsprechend, vgl. A. R. § 6 A 2.

dictio.
dictō 1.
dictitō 1.
Dictaeus Δικταῖος zu ἔδικον gehörig.
dictātor von dīcō dictum, zu dĭctatori CIL I 584 vgl. Wiggert Studien zur lat. Orthoepie S. 16.
dicterium δεικτήριον.
Dictynna Δίκτυννα zu δίκτυον ἔδικον gehörig.
Diespiter v. d. Alten als pater dies (= diēi) erklärt.
diff- aus disf-.
differō distulī dīlātum differre.
difficilis aus dis-facilis.
difficultās.
digesta δίγεστα.
digladior 1. vgl. dīlābor dīligō u. s. w.
dignus.
digredior -ĕssus sum 3. s. gradior.
dilēmma δίλημμα.
diligēns -entis.
diligentia.
diligō -ĕxī -ēctum 3. von dī-lego vgl. A. R. § 6 A. 3, dilēctae Mar. Mon. d. frat. Arv. S. 713.
Diocletiānus Διοκλητιανός.
diplōma vergl. διπλοῦς duplus.
Dircē.
dirigō richtiger dērigō -ĕxī -ēctum 3.
dis- in Zusammensetzungen neben dī-, dis-cutiō, dī-spiciō.
disceptō von dis-capiō.
discidium w. d. f. W.
piscindō 3. v. dī-scindō.

discingō -īnxī -īnctum 3. von dis-cingō.
discipulus wie discō.
disciplīna.
discō 3. aus dicscō vgl.
didicī u. doceō διδάσκω ἐδίδαξα.
discolor.
discors -ordis wie cor, vgl. concors.
discrībō 3. von dī-scrībō.
discus δίσκος, auch nach dem Romanischen i.
discutiō -ussī -ussum 3. von dis-quatiō.
disertus.
dispār -aris.
dispendium v. dispendō vergl. compendium.
dispēnsō 1.
dispiciō -exī -ectum 3. von di-spiciō.
disputō 1.
dissēnsus -ūs.
dissipō 1. disque supatis Lucr. 1, 652.
dissors -sortis wie sors vgl. cōnsors.
distantia von dīstō.
distichus δίστιχος vgl. dimeter.
distinguō -īnxī -īnctum 3. von dī-stinguō mit stilus stimulus īnstigāre verwandt, s. A. R. § 6 A 3.
dīstō 1. aus dī-stō.
dīstringō -īnxī -īctum 3. aus dī-stringō s. stringō.
ditēscō 3. von dīves dīvitis (dītis) vgl. A. R. § 6 D.
dīthyrambus διθύραμβος vgl. θρίαμβος triumphus.
divorbium wie verbum.
dīversus von dī-vertō.

διβέρσιον Const. Porph. de caer. aul. B. S. 336 Reiske.
dīvortium von dī (dis) und vortō = vertō.
diurnus Ableitung von di- (dius) vgl. A. R. § 7 B 3, auch nach dem Romanischen u.
diuturnus Ableitung von diut- vgl. diurnus.
doceō docuī doctum 2.
doctrīna.
dōdrāns -antis aus dēquadrāns.
Dolābella Δολαβέλλας.
dolābra von dolāre vgl. A. R. § 7 A 2.
domesticus δομεστικός CIG 1428, 5906, 6289, 5908, 5911.
domitrix -īcis von domitus.
domnula, domnaedius v. domin-.
dormiō 4. nach dem Romanischen o, δορμιτώριον Ed. Diocl.
dorsum vgl. δειρή, auch nach dem Rom. o.
drachma δραχμή, dracuma Plaut. Pseud. 86, 88, 91 und sonst oft.
Druentia Δρουεντία Strabo 4, 179, 185.
Dryops -opis.
ducenti wie centum.
dūcō dūxī ductum dūcere vgl. Gellius 9, 6, it. dussi dotto dem dūxī ductum genau entsprechend, vgl. A. R. § 6 A 2.
ductō 1.
ductus -ūs.
dulcis δυλκισσίμῳ Osann Syll. S. 430, 62 u.
δολκίσιμο S. 456,

13,vgl. γλυκύς, auch nach dem Roman. u.
Dumuorix -īgis.
dum tāxat s. tāxō.
duplus.
duplex -icis vgl. Hor. c. 1, 6, 7.
dūrēscō 3. von dūrus abgeleitet vgl. A. R. § 6 D.
duūmvir s. A. R. § 2, 1.
dux ducis.
Dymās -antis.
dynastēs δυνάστης.
Dyrrhachium, jetzt Durazzo.

E.

ēbrius, bei Plautus immer ē vergl. Trin. 812, Men.373,563, Capt. 105, franz. ivre, sp. ebrio.
eburneus Ableitung von ebur.
Ecbatana 'Εκβάτανα.
ecce aus ce-ce, alt eccus mit kurzer 1. Silbe Plaut. Cist. 4, 1, 3, Capt.994 und sonst.
ecclesia ἐκκλησία.
Ecetra 'Ιχέτρα.
Echecrates 'Ηχεκράτης.
echidna ἔχιδνα Ableitung von ἔχις.
eclipsis ἔκλειψις.
ecloga ἐκλογή.
ecquando wie ecce und quando.
ecquis u. s. w. vgl.
ecquid Plaut. Persa 108.
edax -ācis.
ēducātrīx -īcis.
ef- aus exf- (ecf-).
efferō.
effingō 3. u. s. w.
effervēscō 3. von exfervēre.

efficāx -ācis.
efficiō -ēcī -ectum 3.
effigiēs.
effringō -ēgī -āctum 3. wie frangō.
egestās wie potestās gebildet.
Eguātius 'Εγνάτιος Dio. C. 53 24, 62 26, ClA III 18, 1113 26.
ēgredior -ēssus sum 3. s. gradior.
ēgregius zu grex gehörig.
Electra 'Ηλέκτρα.
ēlectrum ἤλεκτρον.
ēlegāns -antis.
elementum nach A. R. § 7 B 2.
elephās -antis.
ēligō-ēgī-ēctum3.s.lego.
elixus wie lixa Wasser.
elleborus helleborus ἐλλέβορος ἑλλέβορος.
ēloquēns -entis.
emāx -ācis.
emblēma ἔμβλημα.
embolium ἐμβόλιον.
ēmendō 1. sp. emiendo, vgl. mendum.
ēminēns -entis.
emo ēmī emptum 3. zwar 'Ρεδῆνπτα ClG 9811, aber vgl. contemno u. byzant. ἔμπτα, ἐξέμπτην u. a.
emptio.
ēmolumentum vgl. A. R. § 7 B 2.
Empedoclēs 'Εμπεδοκλῆς.
empiricus ἐμπειρικός.
emporium ἐμπόριον.
endō und in Zusammensetzungen = gr. ἔνδον.
Enguīni 'Εγγυῖνοι vgl.
Enguium Έγγυον.
Enna "Εννα Plut. Marc. 20.

Ennius "Εννιος Strabo 6, 281 Aelian u. a.
ēnōrmis wie nōrma.
ēnsis.
Eutella 'Εντελλα Diod. Sic. 14, 9.
entheātus von ἔνθεος.
Epicharmus 'Επίχαρμος von χαίρω χάρις.
Epictētus 'Επίκτητος.
Epidamnus 'Επίδαμνος.
epidicticus ἐπιδεικτικός.
epigramma ἐπίγραμμα.
epistula ἐπιστολή.
epops -opis.
equester 'Εκουεστρίς Ptol. 2, 9, 21.
Erechtheus 'Ερεχθεύς.
Eretria 'Ερετρία.
ergā wie ergō.
ergastulum ν.ἐργάζεσθαι.
ergō aus ē-reg- (rego regiō) also etymolog. ērgō? schon bei Plautus nach handschriftlicher Überlieferung mehrfach mit kurzer 1. Silbe, vgl. Trin. 926, Mil. 1008, Persa 85, Merc. 971, Stich. 725, Poen. 4, 2, 59, 71, ebs. Ter. Haut.
Erichthō 'Εριχθώ.
Erichthonius 'Εριχθόνιος = 'Ερεχθεύς.
ērigō -ēxī -ēctum 3.
Erīnys besser Erīnys, gr. ἐρινύς Hom. u. a.
errō 1.ἐρρουσάλοις Lyd. de mens. 4,70, span. yerro.
Erymanthus 'Ερύμανθος zu ἔρυμα ἐρυμνός gehörig.
Erysichthōn -onis 'Ερυσίχθων -ονος.
Erythrae 'Ερυθραί.
Eryx -ycis.

ēscā von ed- (edo) gebildet, auch nach dem Romanischen ē.
ēscendō -endī -ēnsum 3. wie dēscendō.
ēscēnsus -ūs.
Esquiliae aus Exquiliae vgl. Sēstius.
Esquilīnus Ἰσκυλῖνος Strabo 5, 234, 237.
essedum.
Eteocles Ἐτεοκλῆς.
Etrūria Ἰτρουρία Dionys vgl. Verg. Aen. S, 494.
Etrūscus gr. Ἐτροῦσκοι, aus Etrurscus? vgl. Verg. Aen. 8, 480, Etrūria und Tūscus.
etsī.
Euadnē Εὐάδνη vergl. Ariadnē.
ēvalēscō 3. von ē-valēre.
Euander vgl. Serg. de acc. S. 527 K.
ēvānēscō 3. von vānus abgeleitet vgl. A. R. § 6 D.
ēventus -ūs wie ēveniō.
ēverriculum s. verrō.
ēvidēns -entis.
Eumolpus Εὔμολπος.
Eurysthenēs Εὐρυσθένης.
Euterpē Εὐτέρπη.
ex gr. ἐξ, vgl. Plaut. Stich. 716; ebenso i. Zusammensetzungen vgl. Plaut. Trin. 318, 1052, Poen. 3. 4, 23, Terent. Eun. 1, 1, 79, vgl. exercitus.
examen.
exanimis u. s. w.
excellō 3. aus ex-cellō vgl. celsus collis.
excellēns -entis.
excelsus.

excetra vgl. Plaut. Pseud. 218.
excidium wie ex-scindō.
excors -ordis wie cor und concors.
execror 1. wie sacro sacer.
exedra ἐξέδρα.
exemplum zu eximius eximō (ex-emo) gehörig, τῶν ἐξεμπλίων Const. Porph. de caer. aul. B. S. 469, R. ἔξομπλον (f. ἔξεμπλον) Hesych.
exequiae wie ex-sequor.
exerceō 2. aus ex-arceō.
exercitus ἐξέρκιτον Const. P. d. c. a. B. S. 425 ₂, 427 ₃, mit kurzer erster Silbe Pl. Amph. 125, 140, 504 u. öfter.
exigō -ēgī -āctum 3. von ex-ago, vgl. Pl. Trin. 1052, exáctus Boissieu I. de L. S. 136.
exiguus.
exīlis aus exigilis von exigō.
exilium von ex u. solum.
eximius von eximō (ex-emo).
exin von ex und in.
existimō 1. aus ex-aestimō vgl. prīscus occīdō illīdō u. a.
existō 3. aus ex u. sistō.
exitium wie exitus.
exitus -ūs von ex-īre.
exolēscō 3. von ex-olēre.
exōrdium s. ōrdior.
exōstra ἐξώστρα.
expectō 1. von ex-spectō.
expediō 4. Ἐξπεδῖτος CIA III 110522, ἐξπεδῖτοι Lyd. d. mag. 1, 46.

expergiscor experrēctus sum expergiscī gebildet v. ex-pērg- (perreg-), vergl. pērgō sowie A. R. § 6 D.
experior expertus sum 4. vgl. opperior perītus.
experīmentum.
exprobrō 1. vgl. Plaut. Trin. 318 und probrum.
exta von ex, vgl. auch ἔγκατα.
extemplō zu tempus u. templum gehörig.
exter Comparativ zu ex.
extrā, ἐκστράτως (ext. nōs) Gloss. nomicae.
externus.
extrēmus.
extinguō -īnxī -īnctum 3. aus ex - stinguō vgl. dīstinguō.
extinctiō.
extispex -icis s. exta und A. R. § 7 B 6.
extorris wie terra.
extraōrdinārius s. exter und ōrdō.
extrīnsecus.
extruō -ūxī -ūctum 3. s. struo.
exul wie exilium.
exultō 1. von ex-saliō abgeleitet.
exūstiō von exūrō.
exuviae vergl. induviae Plaut. Men. 191.

F.
fābella von fābula.
faber fabrī.
fabrica.
fabricō 1. und fabricor 1.
fabrīlis.
Fabricius von faber.

facessō 3. von facere.
faciō fēci factum 3.
factiō.
factitō 1.
factum, byz. φάκτον.
facultas von facul- (facilis).
fācundus von fā- (fāri) vgl. irācundus und A. R. § 7 B 2.
fācundia.
facnebris wie fūnebris gebildet.
Falcidius zu falx geh.
falcō wie falx.
Falernus Φάλερνος Pol. 3, 90, Φαλέριοι Strabo 5, 226.
Falisci Φαλίσκοι.
fallō fefellī falsum 3. vgl. fala Novius bei Nonius S. 109, 20.
fallāx -ācis.
falx falcis mit flectō u. φόλκις φολκός verwandt.
Fannius.
fār farris vgl. farīna.
farciō farsī fartum 4. mit frequens verwandt, vergl. gr. φράσσω φάργνυμι und φράγνυμι.
farrāgō von far- (fār farris).
fascia w. fascis vgl. Mar. Victor. S. 15, 19 K.
fascinum, vgl. den Lautwechsel von a—i in praefiscine.
fascinō 1.
fascis vgl. gr. φάκελος φάσκον sowie den Lautwechsel von a—i in fiscus.
fasciculus.
fastīgātus wie
fastīgium Giebel wohl aus farstigium von

W. bhars (Skr. bhrshṭi Spitze).
fāstus -ūs Stolz aus farstus = gr. θάρσος.
fāstīdium.
fāstus erlaubt von fās.
fāstī -ōrum.
nefāstus.
fateor fassus sum 2.
fatiscō fatiscor 3. v. fati- vgl. adfatim fatigō und A. R. § 6 D.
Faventia Φαουεντία.
favilla von W. fav (foveō) vgl. A. R. § 7 B 1.
fax facis, vgl. Diomed. 431, 17 K.
faxō faxim von faciō.
febris vgl. Plaut. Mil. 720, franz. fièvre.
Februārius von februāre, Φεβρουάριος CIG 6179, 9523, 9785 u. sonst, Plut. Lyd. d. mens. 4, 20; Ovid hat das Wort im 2. Buch der Fasti nicht und februus und februāre nur mit ē.
februō 1. wie februus mit febris nächstverwandt, φεβρουάρε Lyd. de mens. 4, 20, Φεβράτη Plut. Rom. 21.
fēcundus zu fētus geh. vgl. A. R. § 7 B 2.
fel fellis.
fēlīx -īcis.
fellō u. fēlō, vgl. θηλάζω.
fēmella von fēmina.
Fenestella vgl. Ov. Fasti 6, 578 und Φανεστέλλας Plut. (φενεστέλλαν πύλην f. Rom. 10), Φενεστέλλας Lyd. de mag. 1, 24. 3, 74.

fenestra vgl. Diomedes S. 431, 31; 432, 27 K. und Frgm. de accentu e cod. Bob. (nunc Vindob. XVI) S. 142 Endl.
fēstram (aus fēnstram) Ennius S. 186 Vahlen, span. finiestra.
ferāx -ācis.
ferculum von fero.
ferentārius vgl. Plaut. Triu. 456, φερεντάριοι Lyd. de mag. 1, 46.
Ferentinum Φερέντιον, Φερεντανοί.
Feretrius vgl. Prop. 5, 10, 48.
feretrum vgl. Verg. Aen. 11, 149.
ferme Superl. zu fere.
fermentum aus fervimentum von ferveō, vielleicht ferm-.
fermentō 1.
fero tuli lātum ferre.
ferōx -ōcis.
ferrum sp. hierro, φερρᾶτα CIG 8853.
ferreus.
ferrārius.
ferrāmentum.
ferrūgō.
fertilis von fero.
ferveō fervī und ferbuī 2. mit febris furo verwandt, auch nach dem Romanischen e.
fervēscō 3.
fervidus.
fervor.
Fescennium w. fascinum.
fescennini versūs.
fessus zu fatiscor defetiscor fatigō gehörig.
festīnus von fend- fēst-

vgl. cōnfestim īnfestus.
festīnō 1.
festivus von festus.
festūca Schlägel aus ferstūca mit ferrum verwandt? eius mit festūca Strohhalm? Festus, Fésti CIL V 2627, Féstae III 5353, Φῆστος CIG 372, CIA III 635 3, Strabo 5, 230u.öfter.
festus w. feriae, it. port. festa, nur sp. fiesta.
fibra vgl. Manil. 1, 92 u. liber.
Fibrēnus, ī bei Silius, jetzt Fibreno.
fictilis v. fictum s. fingō.
ficulnus v. ficus abgel.
fidentia.
figlinus vou figulus.
figmentum s. A. R. § 1.
figō fīxī fīxum 3. fĪxo Mon. Anc. (CIL III S. 784 18).
filix (auch felix) -icis.
fimbria wie fibra, vgl. Varro d. l. l. 5, 79.
findō fīdī fīssum findere, vgl. bifidus, auch n. d. Roman. i, fissum nach A. R. § 6 A 3.
fingō finxī fictum fingere, fingō w. figulus figūra, auch n. d. Rom. i, finxī fictum u. A. R. §6 A 3.
fictiō.
fictor.
fictrīx -icis.
firmus, fIrmum CIL IV 175, fIrmus VI 1058 3, 55, fIrmi VI 1248, span. firme.
Firmus, Firmum.
firmō 1.
firmāmentum.

fiscus vgl. fascis, gr. φίσκος.
fiscina.
fiscella.
fīssilis von fīssum s. findō.
fistūca = festūca.
fistula von fist- = fiss- (fīssus von findō), ital. fistola, span. fistola Geschwür, vergl. osk. Fistlus Fistluis Fistlois.
flābrum von flāre vgl. A. R. § 7 A 2.
flābellum.
flaccus Flaccus zu fracēs geb. gr. Φλάκκος.
flacceō 2.
flaccēscō 3.
flaccidus.
flagellum von flagrum abgeleitet.
flagellō 1.
flagro 1. vgl. Verg. Aen. 2, 685, Georg 1, 331.
flagrantia.
flagrum vgl. Plaut. Pseud. 1240, Amph. 156, vgl. flagellum.
flamma flammeus aus flag-ma von flag- (flagro φλέγω).
flammō 1.
flammeum wie flamma.
flāvēscō 3. von flāvēre.
flectō flexī flexum 3. ἡ λεξεντιῆς Hesych.
flexilis.
flexus -ūs.
flīgō flīxī flīctum 3. vgl. aflicieta CIL I 1175.
flictus -ūs.
floccus span. flueco.
floccidus.
florēscō 3. von florēre.
flōsculus von flōs.
fluctus -ūs = fluxus s. fluo.
fluctuō fluctuor 1.

fluentum vgl. A. R. § 7 B2.
fluo fluxī fluxum 3. confluges bei Livius (Nonius S. 62, 20) beweist den Stamm flug-, daher fluxī fluxum nach A. R. § 6 A 3, die Ableitungen in den rom. Sprachen weisen freilich auf u. fluxus.
focillō besser focilō 1.
fodiō fōdī fossum 3. vgl. A. R. § 6 A 3.
fossor.
follis φόλεις Procop. Hist. arc. 25. φόλεις CIG add. 5008, byz. τὰ φολερά (follārēs), sp. fuelle.
fōmentum aus fovimentum vgl. A. R. § 7 B 2.
fōns fontis span. fuente, vgl. Beda S. 230 K.
fontānus.
Fontēius Φοντήϊος Plut. App., vgl. Schmitz, Beiträge S. 31.
forceps -ipis wie fornāx, nach Paulus Festi S. 84: quod his forma id est calida capiuntur, vgl. θερμός.
forda von fero, Φορδικάλια Lyd. de mens. 4, 49, ebenso Fordicidia.
forēnsis.
Forentum vgl. A.R.§7 B2.
forfex -icis wie forpex forceps.
fōrma, φώρμη und φόρμη Ed. Diocl., ebs. beides D. C. auch n. d. Romanischen ō.
Formiae Φορμίαι Str. Φωρμανοί St. Byz.

formica φόρμικα und ὄρμικας Hesych.
formīdō 1. z. fremo geh.?
formīdō -inis.
fōrmōsus von fōrma.
fōrmula von fōrma.
fornāx -ācis zu ferveō furnus gehörig.
fornix -icis φορνικός Const. P. de caer. a. B. 1 S. 19 Reiske.
forpex -icis aus forceps gemacht.
fors fortis wie fortūna zu fero geh., Τύχην φόρτιν καλοῦσιν Plut. fort. Rom. 5.
forsitan.
forte.
fortāsse und fortāssis aus forte an sis.
fortis Φόρτις CIG 6297, Plut. fort. Rom. 5., sp. fuerte u. fuerza.
fortuītus wie fors fortis.
fortuna zu fero gehörig, φορτοῦνα Lyd. de mens. 4, 62.
fortūnātus Φορτουνᾶτος CIA III 1122 79, vgl. 1093 31, 1199 57, CIG 1452.
fortūnō 1.
fossa von fod- (fodio), ō nach Analogie von A. R. § 6 A 3. Der Vokal scheint früh ins Schwanken gekommen zu sein, vgl. φόσσα Plut. Fab. 1, Ptol. III 1, 72, φώσσα und φόσσα, φωσσᾶτον u. φοσσᾶτον D. C. φοσσᾶτον CIG 5187 b, φοσᾶτον 8691 a, span. fuesa.
frāgmen nach A. R. § 1.
frāgmentum.

fragro 1. w. flagro, vgl. Cat. 6, 8.
frangō frēgī frāctum 3.
frango wie fragor
fragilis naufragus, frāctum nach A. R. § 6 A 3, vgl. confringō confrāctum u. s. w.
frāctūra.
frāter frātris.
frāterculus.
frāternus.
fratricīda.
frātruēlis.
fraudulentus wie lentus.
fraxinus.
Fregellae Φρέγελλα.
Fregellānī Φρεγελλανοί.
fremebundus vgl. furibundus und A. R. § 7 B 2.
frendō frēsum u. frēssum 3. v. frem- (fremo).
Frentānī Φρεντανοί Pol. Strabo, Steph. Byz.
frequēns -entis.
frequentia.
frequento 1.
frico fricui fricātum und frictum 1.
frīgeō frīxī — frīgēre friere.
frīgēscō 3.
frīgō frīxī frīctom (frīxum) 3. röste.
fringilla vergl. frigil schluchzet.
fritillus s. A. R. § 7 B 1.
frōns frondis.
frondeō 2.
frondēscō 3.
frondeus.
frōns frontis obgl. frōnt(em) CIL V 2915, vgl. Prisc. S. 319 II. altsp. fruente, vgl. d. beiden folg. W.

Frontīnus Φροντεῖνος u. Φροντῖνος, CIG 1327, CIA III 698 5.
Frontō Φρόντων CIA III 111321, 26, auch in Texten (Auth. Pal.) constant.
frūctus -ūs it. frutto sp. fruto fruta, s. fruor.
frūctuōsus.
frūmentum.
frūmentor 1. φρουμεντάριοι Ld. de mens. 1, 26, φρουμενταρίου CIG 2802.
fruor fruitus und frūctus sum 3. frūctus von frūg- (frūgālis frūgēs frūgī), vgl oben frūctus.
frūstrā mit fraus nächstverwandt.
frūstrō -or 1.
frustrātiō.
frūstum ital. frusto, wie frūstra z. fraus geh.
frutex -icis.
frutectum.
frūx frūgis.
fugāx -ācis.
Fulcinius Φολκιννίου M. R. Münzw. S. 375.
fulciō fulsī fultum 4.
fulcīmen.
fulcrum.
fulgeō fulsī fulgēre vgl. φλέγειν u. flagrāre, fulsī nach A. R. § 6 A 3, auch das Romanische weist für fulgur auf Kürze.
fulgētrum.
fulgidus.
Fulginia.
fulgor, fulgur.
fulix icis.
fullō -ōnis, n. d. Roman. das auch c. Verbum fullō 1. bildete, u.

— 33 —

fulmen aus fulgmen von fulgeō, ū nach Analogie von fulsī.
fulmenta aus fulcimenta vgl. A. R. § 7 B 2.
Fulvius Fulvia Φολούϊος CIG 2905, Polyb. 1, 36, Φολουΐα Suidas.
fulvus wie Fulvius.
funda vgl. gr. σφενδόνη.
Fundānius.
Fundī jetzt Fondi, vgl. fundus.
fundō fūdī fūsum 3. gr. χέω, vgl. fōns fontis.
fundus mit fuo futus gr. φύω verwandt, vgl. Fundī.
funditus.
fundō 1.
fundāmen.
fundāmentum.
fūnebris vgl. Hor. ep. 1, 19, 49.
fūnestus vgl. honestus und A. R. § 7 B 4.
fungor fūnctus sum fungī, défúnctis CIL V 1326, fúncto Boissieu Inscr. de L. S. 278; von fūnctum ital. funzione span. funcion.
fungus ital. fungo, span. hongo, gr. σπόγγος.
fūrāx -ācis.
furca ital. forca span. horca.
furcilla.
furcula.
furfur Reduplikation, it. forfora.
furibundus vgl. fremebundus und A. R. § 7 B 2.

Marx, Hülfsbüchlein.

Furnius Φόρνιος CIG 5851.
furnus, älter fornus vgl. forceps u. Furnius, it. forno, sp. horno.
fūrtum von fūr fūror, it. furto, sp. hurto.
fūrtim.
fūrtīvus.
fūrunculus vgl. A. R. § 7 B 5.
furvus ὀρφός?
fūscina wahrscheiulich wie fūstis.
Fūscius, Fouscius CIL V 1818 bis, vgl. d. f. W.
fūscus vielleicht aus furscus (vgl. furvus), ital. fusco.
Fūscus.
fūscō 1.
fūstis, ital. span. portg. fuste, fr. fût.
fūstuārium.
fūttilis u. fūtilis von fundō.

G.

Galba ᾦ Γάλβα Plut. G.4.
galbus mit gilvus helvus nächstverwandt.
galbanus.
galla.
Gallaecia.
Gallī Γάλλοι.
Gallia.
gallus, öfter in Wortspielen mit Gallī.
gallina.
Gangēs.
ganniō 4.
Garamās -antis.
Gargānus, vgl. γάργαρα γέργερα.
gārriō 4. gr. γηρύω γῆρυς.
gārrulus.
Garūnna oder Garūna Γαρούνας.

Gaudentius Γαυδέντιος.
gaudibundus vgl. A. R. § 7 B 2.
gaza vgl. Beda S. 230 K.
Gedrōsī Γεδρωσοί Str.
Gellius Γέλλιος Dio C. u. Plut. vgl. CIA III 606, 866, constant.
gemebundus vgl. A. R. § 7 B 2.
gemellus v. geminus abgeleitet, Γέμελλος.
gemiscō 3. s. A. R. § 6 D.
gemma γεμμάταις Lyd. de mag. 2, 4.
gemmeus.
gemmō 1.
generāscō 3. vgl. generātus.
genetrīx -īcis vgl. Verg. Aen. 1, 590, 689.
Genetyllis Γενετυλλίς.
genista ital. ginestra, span. genesta.
gēns gentis zu genus genitusgehörig, vgl. Beda S. 230 K. vor nt auch nach dem Romanischen e.
gentīlis γεντήλιος D. C. vgl. Γεντιανός CIG 2208, γεντιανή.
geōgraphia γεωγραφία.
geōmetra γεωμέτρης.
geōrgicus γεωργικός.
Gergovia Γεργοουία.
Germānus Γερμανός.
Germānia Γερμανία.
Germānicus Γερμανικός.
germānus, γερμανός Plut. Rom. 3.
germānitās.
germen wie germānus.
germinō 1.
gero gessī gestum 3. zwar géstum Wilm. Exempl. inscr. 1121, aber vgl. Gellius

3

9, 6 und Prisc. de
acc. 41 S. 527, 25 ff.
gestō 1.
gestus -ūs.
gerrae nach den Alten
= γέρρον.
gerrō wie gerrae.
Gessius Γέσσιος.
gesticulor 1. v. gestus
-ūs.
gestiō 4. von gestus.
gibbus ital. gibbo, span.
giba, ebs. gibber.
gigās -antis γίγας.
giganteus.
gignō genui genitum 3.
gr. γίγνομαι γινο-
μαι, vgl. A. R. § 1.
gilvus = gelvus helvus
wovon Helvius, vgl.
galbus.
gingiva Reduplikation.
gingrīna Reduplikation.
glaber glabra glabrum.
Glabriō.
glabrēscō 3. vgl. A. R.
§ 6 D.
glāns glandis.
glandium.
glandula.
glīscō 3. wie scīscō geh.
glossārium von γλῶσσα.
glossēma γλώσσημα.
glūbō glūpsī glūptum 3.
glūttiō und glūtiō 4.
glūttus und glūtus
Schluck.
Gomphī Γόμφοι.
Gordiānus Γορδιανός.
Gordium Γόρδιον.
Gorgō Γοργώ.
Gorgoneus.
Gortyna Γορτύνη.
Gracchus Γράχχος, aber
grāculus.
Gracchānus.
gradior grēssus sum 3.
vgl. A. R. § 6 A 3.
grēssus -ūs.

grallae von grad- (gra-
dior) wie scāla von
scad- (scandō), vgl.
grāssor.
grāllātor auch grālātor
(glārātor) geschr.
grammatica γραμματική
v. γράφω γράμμα.
grammaticus.
grammatista.
grandis zu grossus geh.
grandēscō 3. vgl. A.
R. § 6 D.
grandiō 4.
grandō vgl. den Vokal-
wechsel von a-u in
suggrunda Wetter-
dach, gr. χάλαζα.
grandinō 1.
grāssor 1. von grāssus
Partic. zu gradior
vgl. A. R. § 6 A 3.
gravēscō 3. von gravis
abgeleitet vgl. A.
R. § 6 D.
grex gregis, vgl. Prisc.
7, 42 S. 322 II.
Grosphus Γρόσφος.
grossus span. grueso.
grūnniō grūndiō 4. it.
grugnire, sp. gruñir.
gryllus γρύλλος.
grȳps grȳpis.
gubernō 1. gr. κυβερνῶ,
vgl. Pl. Mil. 1091.
gubernāculum.
gummi κόμμι.
gurges ital. span. gorga,
Reduplikation vom
St. gvor- (voro).
gurguliō vgl. gula.
gurgustium vgl. A. R.
§ 7 B 4.
gūstus -ūs ital. gusto,
span. gusto, vgl. gr.
γεύω.
gūstō 1.
gūstātiō.
gutta it. gotta, sp. gota.

guttur portg. goto, mit
gula voräre ver-
wandt.
guttus Ölgefäſs wohl wie
gutta, aber bei Ju-
venal gūtus.
gymnasium.
gypsum γύψος.
gypsō 1.

H.

hāctenus bess. hāc tenus.
Hadria vgl. Prop. 1, 6, 1.
Hadriānus.
Hadriāticus.
haerēscō 3. von haerēre.
Haliartus.
Halicarnāssus Ἁλικαρ-
νασσός, Ἁλικαρνα-
σός Ἁλικαρνησσός.
hallūcinor besser hālū-
cinor 1.
hamadryas ἁμα-δρυάς.
Hamilcar.
Hannibal.
Hannō.
harmonia ἁρμονία.
harpagō wie harpax.
Harpalycē Ἁρπαλύκη
wie d. f. W.
harpax -agis gr. ἅρπαξ
vgl. ἁρπάζω und
rapiō.
harpē ἅρπη wie d. v. W.
harpȳia ἅρπυια wie
harpax.
haruspex -icis, arrespex
CIL I 1348, harispex
1312, 1351, V 99.
haruspicīnus.
haruspicium.
hasta umbr. hostatu =
hastātōs.
hastīle.
hebdomas ἑβδομάς.
hebēscō 3. von hebēre.
Hebraeus Ἑβραῖος.
Hebrus Ἕβρος.
hecatombē ἑκατόμβη.

Hector Ἕκτωρ.
Hellas Ἑλλάς.
Helle Ἕλλη.
helleborus ἑλλέβορος.
Hellen Ἕλλην.
Hellespontus Ἑλλήσποντος.
Helvetii Ἑλουήττιοι Str.
Helvii Ἑλουιοί Strabo.
Helvius Ἑλούϊος Polyb.
Dio C. Ἑλβία Plut.
helluo auch heluo.
helvus helvolus, ἔρβουλος Athen. 27 c.
hemistichium.
hepteris ἑπτήρης.
Heraclea Ἡράκλεια vgl. Hercules.
Heraclida Ἡρακλείδης.
Heraclitus Ἡράκλειτος.
herba vgl. gr. φορβή, span. hierba.
herbesco 3.
herbidus.
Herbita Ἕρβιτα.
hercisco 3. sich in etwas teilen, φαμιλιαε ἐρκισκουνδαε byz. vgl. heretum u. A.R.§6 D.
heretum das Erbgut zu herus erus gehörig?
Herculanum Ἡρκουλάνεον Dio C. 66, 23, Ἡρκουλανός auf einer späten Münze Mionnet IV 111, Ἡρκλανός Plut. de se ipso laud. CIA III 1197, s. d. f. W.
Hercules von Ἡρακλῆς desh. ursprünglich viell. Herc- aber
Herculius Ἑρκούλιος Ἑρκόλιος Zos. Suid. Hist. Gr. fr. 4, 601 b, CIG 373 b, 1081, CIA III 637, Ἐφημ. ἀρχ. 560, Ἑρκουλιανοί Zosimus.

hercle vergl. Ritschl proll.Pl. p.CXXVII.
Hercynius Ἑρκύνιος.
Herennius Ἑρένγιος z. B. CIA III 698, 715.
Herilius Ἥριλλος.
Hermagoras Ἑρμαγόρας.
Hermes Ἑρμῆς.
herma.
Hermione Ἑρμιόνη.
Hermunduri Ἑρμόνδοροι Strabo 7, 290.
Hermus Ἕρμος.
hernia, hirnea von har- (haruspex).
Hernici Ἕρνικοι.
Herostratus Ἡρόστρατος.
herpes ἕρπης.
Hersilia Ἑρσιλία Dio C. fr. 5, 5, Plut. Rom. 14, 18, vgl. Hora Ov. met. 14, 851.
Hesperus Ἕσπερος.
Hesperia.
Hesperis.
Hesperius.
hesternus wie heri, jedoch hest- nach Mar. Vict. 15, 15 K.
hexameter -etri ἑξάμετρος.
hexeris ἑξήρης.
hiasco 3. von hiare.
Hibernia Ἰέρνη Ἰούερνοι.
hibernus span. invierno, vgl. A. R. § 7 B 3.
hiberno 1.
hibernaculum.
hibiscum ἰβίσκος.
hibrida bess. hybrida, v. ῦς ὑός (Plin. n. h. 8, 213), ȳ b. Hor.Mart.
hiemps hiemis.
hierophanta ἱεροφάντης.
hillae aus hirulae v. hira vgl. Pl. Curc. 238.
Himella vgl. Himera.

hinc s. Prisc. 15, 17, 18 S. 74, 15 H und Pl. Trin.718,Stich.355.
hinnio 4. vgl. Laevius fr. 10, 6 Müller.
hinnuleus inuleus, ἰνουλεούς Hes., viell. ī.
hinnus ἴννος w. hinnuleus.
Hipparchus Ἵππαρχος vgl. Philippus.
Hippias Ἱππίας.
Hippo Ἱππών.
Hippocrates Ἱπποκράτης.
Hippocreue Ἱπποκρήνη.
Hipponax -actis Ἱππῶναξ -ακτος vgl. Rhinthon bei Heph. S. 6 Westphal.
hircus it. irco sp. hirco, mit hirtus verw.
Hirpi Familie in Rom v. hirpus = hirquus.
Hirpini von Hirpi.
hirrio 4. Wortspiel mit irritata canes bei Lucilius 19 L.
hirsutus von hirt- hirs-.
Hirtius von hirtus.
hirtus it. irto, port. hirto, mit hircus verw.
hirundo vgl. χελιδών und A. R. § 7 B 2.
hisco 3. contrahiert aus hiesco vgl. hietare
hiulcus hiasco.
Hispalis vgl. d. f. W.
Hispanus, i weil auch Spania neben Hispania in der späteren Latinität, Σπανία Euseb. de martyr. Pal. 13, 10.
Hispania.
Hispanicnsis.
Hispellum Εἰσπέλλον Strabo 5 S. 227.

hispidus wohl aus hirs-
mit hirtus hirsūtus
verwandt.
Hispō Hispulla wie Hi-
spellum.
historia gr. ἱστορία it.
storia.
Histrī Ἴστροι.
Histria.
histriō nach Cluvius bei
Plutarch von einem
Ἴστρος benannt.
hiulcus Weiterbildung
vom St. hi- (hio).
hodiernus s. A.R. §7B3.
homunciō s. A.R.§7B5.
homunculus ebenso.
honestus wie modestus
gebildet vgl. A. R.
§ 7 B 4, Gedichte
Ὀνέστου in der A.
Pal.
honestās.
honestō 1.
Hordeōnius Ὁρδεώνιος
CIA III 624.
hordeum, n. d. Roman. o.
Hordicīdia wie Fordi-
cidia Φορδικάλια.
hōrnus von aus- aur-
(aurōra Aurēlius)?
sicher durch Con-
traction aus ho und
Vokal.
horreō 2. vielleicht mit
χέρσος verwandt.
horrēscō 3.
horridus.
horror.
horreum Ὁρρέα Ptol.
ὄρεα Hesych. ὁρίον
ὁρεῖον byz., freil.
auch ὥρ-(Geopon.2,
27 ff. Joh. Moschus
prat. spir. 28 Ros-
weid), ὁρρεοπραι-
ποσιτίαν megar. In-
schr. Foucart ex. d.
inscr. gr. 2, 38, 7.

hōrsum aus hō-vorsum,
vgl. quōrsum.
Horta Ὄρτα Plut. Qu.
Rom. 46 S. 275 E.
Hortalus wie d. f. W.
HortēnsiusὈρτήσιοςz.B.
CIA III 10, 10562s.
hortor 1. ὁρτάρι Plut.
Qu. Rom. 46 S. 275,
von d. altl. horior,
auch nach d.Rom. o.
hortus χόρτος vgl. Hor-
tēnsius, auch nach
dem Romanischen o.
hospes span. huesped.
hospitium ὁσπήτιον
Suidas.
hostia wie hostis.
Hostilius Ὁστίλιος Pol.
u. Dion. Plut. App.
CIA III 1113 16.
hostis span. hueste, dav.
Hostius u.Hostilius.
hostīlis.
Hostius Ὅστιος.
Hūnnī Hūnī Οὖννοι fr.
Huns.
hyacinthus ὑάκινθος, ιν-
θος jdfs. kurze End.
Hyās -antis.
Hyantēs.
Hybla Ὕβλα, immer y
bei Dichtern.
hydra ὕδρα vgl. Soph.
Tr.574, vgl. hydrus.
hydria ὑδρία w. hydrus.
hydrōps -ōpis s. d. f. W.
hydrus ὕδρος vgl. che-
lydrus.
Hydrūs -ūntis und Hy-
drūntum.
Hyllus Ὕλλος.
Hymēttus Ὑμηττός Str.
vgl. CIA III 74016.
hymnus ὕμνος.
Hypermnēstra Ὑπερ-
μνήστρα.
Hypsipylē Ὑψιπύλη w.
ὕψος.

I.
Iacchus Ἴακχος = Βάκ-
χος.
iaciō iēcī iactum 3.
iactō 1.
iactātiō.
iactūra.
iambus ἰαμβός vgl. ἰάπ-
τω iaciō.
iānitrīx -īcis Pförtnerin
wie iānitor; ebs. ia-
nitrīcēs εἰνάτερες,
aber wohl a.
Iāpyx -ygis.
iaspis.
iātralīpta ἰατραλείπτης.
ibex -icis.
ichneumōn -ouis ἰχνεύ-
μωνν.ἰχνεύω ἴχνος.
īcō īcī īctum 3.
īctus -ūs.
icterus ἴκτερος.
idcircō s. circum.
identidem.
idyllium εἰδύλλιον De-
minutiv von εἶδος.
iēntāculum w. ieiūnus.
iēntātiō wie d. v. W.
ignārus aus ī (in)-gnārus
vgl. ignōrō.
ignāvus.
ignāvia.
ignis vgl. A. R. § 1.
ignēscō 3. s.A.R.§6D.
ignōbilis vgl. ignōrō.
ignōminia vgl. d. f. W.
ignōminiōsus.
ignōrō 1. wie ignārus,
vgl. A. R. § 6 C 2 b.
ignōrantia.
ignōscō 3. vgl. ignōrō
und nōscō.
ignōtus wie ignārus.
Ilerda Ἰλέρδα.
īlex -icis.
Īliēnsis.
īlignus.
Ilissus besser Īlīsus,
Ἰλισός.

ill- in Zusammensetzungen aus inl-.
ille bei Pl. oft verkürzt, z. B. Trin. 414, 472, 476, Mil. 1231.
illīc.
illinc vgl. Prisc. 15, 17, 18 S. 74, 15 H.
illōrsum aus illō-vorsum vgl. quōrsum.
Illyria, Eilluricum CIL I 711 XV, IllYricorum CIL III 4063, doch Hilurios mit i Plaut. Men. 235.
Ilva, Elba.
imbēcillus wohl Deminutiv von im-bec- vgl. A. R. § 7 B 1.
imbellis wie bellum.
imber imbris ὄμβρος, vgl. Umbrī.
imberbis wie barba.
imbrex -icis von imber.
Imbrus Ἴμβρος.
imbuō 3. von in-buo.
immānis.
immēnsus.
immūnis.
impār -aris u. s. w.
immō, daneben īmō, Immo Mon. Anc. (CIL III S. 774 26).
impediō 4. vgl. expediō.
impendium wie impendō s. pendō.
impēnsa.
imperō 1. v. in u. paro.
imperātor.
imperium.
impertiō u. impertior 4. vgl. partior.
impetrō 1. vgl. Hor. ep. 2, 1, 137.
impetrābilis.
impetus -ūs von im- pet- (peto πετέσθαι).
impingō -ēgī -āctum 3. vgl. pangere.

importūnus von im-port- s. portō.
impotēns -entis.
impressiō s. premo pressum.
imprīmis.
impūnis.
incendō -endī -ēnsum 3. wie candeō, auch nach dem Rom. e.
incendium.
incēnsus.
incessō 3. v. in-cio geb.
incessus -ūs v. in-cēdō.
incestus von in-castus, ἴγκεστον Novellae.
incipiō -ēpī -eptum 3. von in-capiō.
incōgnitus.
incola v. in-col- (colo).
incrēmentum von in-crē- s. A. R. § 7 B 2.
inculcō 1. vgl. calcō.
incumbō incubuī incubitum 3. wie in-cubo.
incūs -ūdis von in-cūd- (cūdō).
incutiō -ussī -ussum 3. von in-quatiō.
indāgō 1. von ind- (ἔνδον) und ag- vgl. ambāgēs.
indāgō -inis wie d. v. W.
inde vgl. Pl. Persa 394, Capt. 128, Rud. 960, Ter. Phorm. 4, 3, 76.
index -icis von in-dic-.
indicium.
indicō 1.
indidem von inde.
indigena vgl. ἐνδογενής.
indigeō 2. v. ind- u. egeō.
indiges -itis w. indigena.
indigus wie indigeō.
indipiscor von ind-ap- vgl. adipiscor.
indolēs vgl. adoleō.
indulgeō -ūlsī -ūltum 2. vgl. A. R. § 6 A 3.

induō 3. vgl. exuō.
induperātor f. imperātor.
Indus Ἰνδός.
indūsium v. induō indūtum.
industria, wahrscheinlich ū.
indūtiae, Gell. 1, 25, 13 ff.
ineptus aus in-aptus.
inermis wie arma.
iners -ertis w. ars artis.
inertia.
inf- vgl. A. R. § 1.
īnfāmia, īnfāmis.
īnfandus s. A. R. § 6 B 1 c.
īnfāns -antis.
īnfantia.
īnfectus von in-factus.
īnfēlīx -īcis, Infelicissimus CIL VI 1632.
īnfēnsus.
īnferō intulī inlātum īnferre Inferendi CIL VI 2104, 221 b.
īnferus, auf ī weist aufser Inferior auch der Ausfall von n in iferos Or. Henz. 7341 u. IRN 3571.
īnferior, Inferioris CIL II 4115, Inferior 4510.
īnfernus.
īnfēstus wie īnfēnsus aus in-fend-tus.
īnfīdus.
īnfimus.
īnfitiae.
īnfitior 1.
īnfōrmis wie fōrma.
īnfortūnium vgl. fortūna.
īnfula.
īnfundō 3.
ingemiscō 3. v. in-gem- vgl. A. R. § 6 D.
ingenium von in -'gen- (genitus) vgl. Ter. Andr. 3, 1, 8.
ingēns -entis.

ingenuus wie ingenium.
ingrātīs aus in-grātiīs.
ingravēscō 3. von in und
  gravis gebildet vgl.
  A. R. § 6 D.
ingredior ingressus sum
  3. vgl. gradior.
ingressus -ūs.
inguen sp. engle.
iniciō -ēcī -ectum 3.
  von in-iaciō.
iniūria vgl. Pl. Mil. 58.
iniūstus vgl. Charis. 11 K.
inlecebra vgl. Vergil g.
  3, 217.
inlēx -ēgis ungesetzlich.
inlex -icis verlockend
  vgl. inliciō.
inliciō -exī -ectum 3.
  nach Prisc. 9, 28
  -ēxī, aber vgl. A.R.
  § 6 A 3.
inlūstris von in - lūc-
  (lūceō lūstrum).
inlūstrō 1.
innōtēscō 3. wie nō-
  tēscō.
inops -opis.
inquam.
inquilīnus Mietswohner
  wie incola.
inquinō 1.
inrītō 1.
inritus aus in-ratus.
ins-.
insānus.
īnscendō -endī -ēnsum
  3. wie scandō.
inscius.
īnscrīptiō s. scrībō scrīptum.
insector 1. s. sector.
insequor 3.
īnsidior 1.
insīgnis, Insignibus CIL
  VI 1033.
īnsīgne.
īnsīgnītus.
īnsolēns -entis.

insolentia.
insomnia s. somnus.
insomnium wie d. v. W.
insōns -ontis.
īnspiciō -exī -ectum 3.
  Inspexi CIL III 67.
instar.
instillō 1. vgl. stīlla.
instinctus vgl. distin-
  guō distinctum.
instita.
institor.
instituō 3.
instō 1.
instrūmentum, ἰνστρου-
  μέντου Lyd. de mag.
  3, 35, ἰστροίμεν-
  τον gloss. nom.
instruō -uxī -uctum 3.
  s. struo.
Insubrēs Ἰνσοβροι St. B.
insuēscō 3. s. suēscō.
insula.
insulsus von in-salsus.
insultō 1. von in-saliō.
insum infui inesse.
insuper, Insuper CIL VIII
  3334.
intāctus s. tangō tāctum.
integer -egra -egrum von
  in und teg- tag-
  (tangō).
integrāscō 3. vgl. red-
  integrāre.
intellegō -ēxī -ēctum
  3. aus intel(inter)-
  lego, mit verkürzter
  1. Silbe Ter. Eun.
  4, 5, 11 und Phor-
  mio 5, 3, 23, vgl.
  lego und A. R. § 6
  A 3.
intempestus wie inho-
  nestus gebildet, vgl.
  A. R. § 7 B 4.
intentus von in-tendō.
intentiō.
intentō 1.
inter Komp. zu in.

interdiū, interdum.
intereā Ter. Hec. prol.
  2, 34.
interest Ter. Eun. 2,
  2, 2.
interim vgl. Pl. Most.
  1094, Ter. Haut. 5,
  1, 9.
Interamna von inter und
  amn- (amnis) gebil-
  det, Ἰντεράμνιον.
intermissiō wie mittō
  missum.
internus von inter.
interpellō 1. von inter
  und pellō gebildet.
interpellātiō mit kur-
  zer 1. Silbe Plaut.
  Trin. 709.
interpellātor.
interpres -etis.
interpretor 1.
intertrīmentum vgl. dē-
  trīmentum.
intervāllum vgl. vāllus
  vāllum.
intestātus s. tēstor.
intestīnus zu intus geh.
  vgl. clandestīnus.
intimus Superlativ zu in.
intrā wie inter, auch
  nach d. Roman. i.
intrō 1. wie inter.
introrsum auch intrōsum
  aus intrō-vorsum.
intubus intibum ἔντυβον.
intus von in, auch nach
  d. Romanischen i.
inveterāscō 3. von in-
  veterāre.
invidia von in - videō,
  vgl. Ter. Andr. 1,
  1, 39.
invītus v. in- vi- (ἑκών),
  vgl. Plaut. Poen. 5,
  4, 35.
involūcrum von in-
  volvō, vgl. Plaut.
  Capt. 264.

Iōlcos Ἰωλκός.
Iophōn -ontis Ἰοφῶν -ῶντος.
Iordānēs Ἰορδάνης und Ἰόρδανος.
Iphiclēs Ἰφι-κλῆς.
ipse bei Plautus oft verkürzt, s. Trin. 901 f. Capt. 276, vulgär isse.
īrācundus vgl. A. R. § 7 B 2.
īrācundia.
īrāscor īrātus sum īrāscī vgl. pāscō.
irr- in Zusammensetzungen = inr-.
irrēpō 3. = inrēpō u. s. w.
Isocratēs Ἰσοκράτης.
Īspellum s. Hīspellum.
Issa Ἴσσα.
iste bei Plautus oft verkürzt wie Trin. 77, 319; das i konnte im Volkslat. ganz abgestofsen werden, vgl. Lachm. zu Lucrez 3, 954 S. 197.
istāc.
istīc aber isticine.
istinc vgl. Prisc. 15, 17, 18 S. 74, 15 H.
istōrsum aus istōvorsum vgl. quōrsum.
Ister Ἴστρος.
Isthmus Ἰσθμός zu ἰέναι gehörig.
Isthmius.
iubeō iussī iussum iubēre vgl. A. R. § 6 A 3, auch iubeō (= iūs habeō) auf amtlichen Inschriften lange ioubeo geschrieben hatte ursprünglich ū.
iussū.

iūcundus vgl. A. R. § 7 B 2.
iūcunditās.
iūdex -icis.
iūglāns -andis aus iov (Iovis)-glāns.
Iugurtha Ἰογόρθας Diod. Strabo, Plut. App.
iūmentum zu iugum gehörig vgl. A. R. § 7 B 2.
iūncus Ιūncus it. giunco, sp. junco, Ἰούγκος CIA 70 20, 6226, add. 622 a bis.
iūnceus.
iungō iūnxī iūnctum 3. vgl. iugum cōniungō und A. R. § 6 A 3, seiúnctum CIL VI 1527 c, 38, sp. junto junta.
iūnctiō.
iūnctūra.
Iūppiter aus Iov-pater, auch Iūpiter.
iūrgō 1. aus iūrigō zu iūs iūris gehörig, vgl. obiūrigō Pl. Merc. 46, Trin. 68, 70 und Ritschl op. II 426 ff.
iūrgium.
iūriscōnsultus vgl. cōnsulō.
iūrisdictiō s. dictiō.
iūsiūrandum vgl. A. R. § 6 B 1 c.
Iūstiniānus von iūstus.
iūstitium von iūs.
iūstus von iūs, iústus CIL II 210, V 5919, iústi Boissieu I. de L. S. 278, it. giusto, sp. justo, fr. juste.
iūstitia.
Iūturna altl. Diuturna vgl. Varro de l. l. 5, 71 u. A. R. § 7 B 3.

iuvencus wie iuvenis.
iuvenca.
iuvenēscō 3. v. iuvenis vergl. A. R. § 6 D.
iuventa wie iuvenis.
iuventās ebenso.
iuventūs -ūtis vergl. Plaut. Most. 30 und Curc. 38.
iūxtā Superl. zu iūgis.
iūxtim ebenso.
Ixīōn -onis Ἰξίων -ονος.

L.

labāscō 3. von labāre.
Labdacus, ā wie Lāius?
labefactō 1. s. faciō factum.
lābellum und labellum Deminutiva v. lābrum und labrum.
lābor lāpsus sum lābī.
lāpsō 1.
lāpsus -ūs.
lābrum Becken von lavāre vergl. A. R. § 7 A 2.
labrum Lippe vgl. Hor. c. 1, 13, 12, wie labium Labeō.
labrusca vgl. Serv. zu Verg. Ecl. 5, 7 sowie Nonius S. 449 Mercer.
labyrinthus λαβύρινθος vgl. hyacinthus.
lāc lactis vgl. γάλα γάλακτος.
lactēs.
lactēscō 3.
lacteus.
lacerna Ableitung von lac- (lacinia) vgl. A. R. § 7 B 3.
lacertus lacerta Eidechse wie d. f. W.
lacertus Oberarm von lac- (licinus sublica).

lacessō 3. von laciō.
lacrima vgl. Hor. ep. 1, 19, 41.
lacrimō 1. vgl. Verg. Aen. 2, 790; 3, 10.
lactō 1. verlocken wie laciō lactus.
lactūca von lact- (lāc lactis).
Lāertēs Λαέρτης.
laevōrsum aus laevōvorsum vgl. quōrsum intrōrsum.
lambō 3. mit labrum nächstverwandt.
lāmentum s. A. R. § 7 B 2.
lāmentor 1.
lāmna aus lāmina.
lampas λαμπάςν. λάμπω.
Lampōnius osk. Laponis.
Lampsacus Λάμψακος.
lancea λόγχη? λακιάριοι Zosim. 3, 22.
lancinō 1. mit lanius laniō verwandt.
Langobardī Λογγίβαρδοι.
languēō 2. zu λαγαρός gehörig.
languēscō 3.
languidus.
languor.
lanista vgl. Frgm. de acc. e cod. Bob. S. 142 Endl.
lanterna wie lampas zu λάμπω gehörig.
lanx lancis mit lacus lacūnar verwandt?
lapillus Deminutiv zu lapis.
lappa.
lāpsus -ūs von lābor.
Lār Lars G. Lartis.
lārdum aus lāridum vgl. Plaut. Capt. 844, 900, Men. 210.
Lārentālia.
Lārentia Λαρεντία Plut.

Rom. 4. Λαυρεντία App.
largus.
largior 4.
largitās u. s. w.
Lārīssa besser Lārīsa Λάρισα.
larix -icis.
lārva aus lārua, vgl. Plaut. Amph. 777, Capt. 595, lāruātus Plaut. Men. 890.
Lārunda wie Dēferunda s. A. R. § 7 B 2.
lāscīvus von lār- lās- (lārua).
lāscīvia.
lāscīviō 4.
lāssus wie lāxus.
lāssitūdō.
lāssō 1.
latebra vgl. Verg. Aen. 10, 601, 663.
latebrōsus.
laterculus von later.
Laterēnsis Λατερήσιος Appian.
latex -icis.
lāticlāvius s. A. R. § 7 B 6.
lātifundium vgl. fundus und Fundī.
lātrīna aus lavātrīna, vgl. Pl. Curc. 580.
lātrō 1. belle vgl. oblātrātrīcem Plaut. Mil. 681.
latro Räuber, Latro vgl. Hor. ep. 1, 2, 32, Verg. Aen. 12, 7.
latrōcinor 1.
latrunculus vgl. A. R. § 7 B 5.
lavābrum von lavāre, vgl. A. R. § 7 A 2.
lavācrum ebenso.
Laverna Λαβέρνη Plut. Sulla 6.
Laurentum Λαυρεντόν Λωρεντόν Dion. u. a.

Laurentīnus Λαυρεντῖνος Plut.
lāxus von lag- (languēō), ā n. Analogie v. A. R. § 6 A 3.
lāxō 1.
lāxāmentum.
Leander Λέανδρος vgl. ἀνήρ ἀνδρός.
Learchus Λέαρχος vgl. ἄρχω ἄρχων.
lectīca vgl. lectus.
lecticula λεκτιάριοι.
lēctiō s. lego.
lectisternium vgl. lectus sternō und A. R. § 7 B 6.
lēctor s. lego, léctor Jahn spec. epigr. S. 109.
lectus Bett vgl. gr. λέχος, auch nach dem Romanischen e.
lego lēgī lēctum 3. s. A. R. § 6 A 3, adléctus IRN 1999, dlléctae Marini fr. arv. S. 713.
lēctitō 1. ληκτεύειν byz.
lēctiuncula.
lēctrīx -icis.
lembus λέμβος.
lēmma λῆμμα.
lēmniscus λημνίσκος.
Lēmnos Λῆμνος.
lēns lentis.
lentīgō.
Lentinus Λεντῖνος.
lentiscus ital. lentischio, span. lentisco.
Lentulus Λέντουλος Plut. Dio C. Λέντλος ClA III 585 u. s. w.
lentus vgl. Lentulus.
lentēscō 3. s. A. R. § 6 D.
lentitūdō.
lentō 1.
Leontīnī Λεοντῖνοι.
lepista λεπάστη.

Lĕpontiī *Ληπόντιοι.*
lepra *λέπρα* Aussatz.
Leptis *Λέπτις.*
Lerua *Λέρνη.*
Lesbus *Λέσβος.*
Lesbiacus.
levāmentum vgl. levāmen.
Leucippus *Λεύχιππος*
vgl. Philippus.
Leucopetra *Λευκοπέτρα.*
lēx lēgis.
lībāmentum vgl. A. R. § 7 B 2.
lībella Demin. v. lībra.
lībellus Demin. v. liber, *λίβελλος* Niceph. u.a.
lībēns -entis.
libenter.
liber librī Buch.
librārius Buchhändler.
liber lībera līberum frei.
lībertās.
lībertus, *Λείβερτος* CIA III 708 19, 1145 50, *λίβερτος* App. bell. Mithr. 2.
lībertīnus, *λιβερτῖνοι* Suidas, vergl. CIG 6673.
lībra Wage vgl. Plaut. Pseud. 816, vgl. lībella und bilībris.
lībrāmentum.
lībrārius der abwägt.
lībripēns.
lībrō 1.
Liburnus *Λιβυρνός* vgl. A. R. § 7 B 3.
Liburnia.
licentia.
lictor von ligo vergl. Gellius N. A. 12, 3, lIctor CIL VI 699, 1871, 1881, 1889, 1892, 1900, 1905, 1913, *λιτώρεις* und *λειτουργοί* u. Plut. Quaest. Rom. 67.

lignum.
līgneus u. s. w.
Ligusticus von Ligur -uris.
Ligustinus wie d. v. W.
ligustrum Hartriegel, -ustrum jedenfalls Endg. wie -estris -ustus u.s.w.(vgl.A. R. § 7 B 4.) kurz.
līmāx -ācis.
limbus Streifen, Rand, i nach dem Roman.
limpidus ital. span. ptg. lindo, vgl. Diez E. W. I³ S. 250.
lingō līnxī līnctum 3. vgl. ligūriō und A. R. § 6 A 3.
lingua wie ligula, auch nach dem Roman. i.
linquō līquī lictum 3. vgl. reliquus.
linteus zwar von līnum, jedoch gr. *λέντιον* z. B. CIG 8695, *λεντιάριος* CIG 275 u. CIA III 1160 71, 1176 28, 1199 40 (vgl. Dittenberger de ephebis Att. S. 37) auch lat. lentea (Hermes V S. 8), sp. lienzo.
lippus vielleicht mit *λίπος λιπαρός* verwandt.
liquēscō 3. von liquēre.
Līternum *Λίτερνον Λείτερνον.*
littera sowie seltener lītera, leiteras CIL I 198 34.
litterātor.
lixa Marketender von licēre feil sein liceor biete, freilich *λεῖξαι* Suidas.
līxa Wasser von līquere vgl. Corssen, Über

Aussprache u. s. w. I² 503.
līxīvus ausgelaugt von līxa.
Locrī *Λοχροί.*
Locris *Λοχρίς.*
locuplēs -ētis vgl. Hor. sat. 2, 5, 28.
locuplētō 1.
locusta besser lucusta, -usta jedenfalls Endung und zu A. R. § 7 B 4 gehörig.
lōdīx -īcis.
Lollius *Λόλλιος* z. B. CIA III 584.
lōmentum von lavo abgeleitet wie lōtus, vgl. A. R. § 7 B 2.
Longīnus *Λογγῖνος Λογγεῖνος* Texte (vgl. Jahns Ausg. π. ὕψ. p. 73) wie Inschr. (z B. arch.Mitth. aus Österr. 6, 25), *Λογγιανός* u. s. w.
longus Longus, *Λόγγος* Dionys. App. Jos. CIA III 1113 7, davon das v. W. vgl. *Λόγγολα* Dionys. *Ἄλβα λόγγα* Diod. Sic. 7, 3, Dionys.
longinquus von longinus gebildet vgl. propinquus.
loquāx -ācis.
loqueutia.
lūbricus vgl. Pl. Mil. 852.
lūceō lūxī 2.
Lucerēnsēs *Λουκερήνσης* Plut. Rom. 20.
lucerna von luc- (lūc-) leuchten vgl. A. R. § 7 B 3.
lūcēscō 3. von lūcēre.
Lucrētilis vgl. Hor. c. 1, 17, 1.
Lucrētius *Λοχρήτιος*

Dionys. Ant. 10, 7; 11, 15.
Lucrīnus Λοκρῖνος, vgl. Hor. c. 2, 15, 3.
lucrum vgl. Hor. c. 3, 16, 12; 4, 12, 25.
lucror 1.
lucrōsus.
lūcta franz. lutte, ital. lutta und lota.
lūctāmen.
lūctor 1.
lūctātor.
lūctus -ūs Trauer von lūgeō, lúctumque CIL VI 1527 e 66, lúctu CIL V 337.
lūctuōsus.
lūcubrō 1.
lūcubrātiō.
lūculentus wie lentus.
Lūcullus Λεύκολλος bei Strabo, Plut. App. CIA III 562 f. 865.
lūdibrium vgl. Hor. c. 1, 14, 16.
lūdicrus Adj. vgl. Hor. ep. 2, 1, 180.
lūdicrum vgl. Hor. ep. 1, 1, 10.
Lugdūnum aus Lugudūnum.
lūgeō lūxī lūgēre, vgl. lūctus.
lūgubris vgl. Hor. c. 2, 1, 33; 3, 3, 61.
lumbus ital. lombo, span. lomo.
lunter später linter, vgl. gr. πλοῖον.
Luperci Λούπερκοι Plut. u. Lyd. Grammatiker Λοίπερκος bei Suidas.
Lupercālia Λουπερκάλια CIG 2690, Plut. Rom. 21, Ant. 12.
lurcō v. lura Schlauch, ob u oder ū unbekt.

lūscinia von lūc- (lūceō lūscus)u.can-(cano)?
lūscus zu lūceō inlūstris gehörig?
lūstrum Sühnung, vergl. Festus z. d. W.
lūstrō 1.
lūstrātiō.
lustrum Pfütze s. Festus z. d. W.
lutra Otter wie d. v. W.
lutulentus wie lentus.
lūx lūcis.
luxus verrenkt λοξός.
luxō 1. λοξόω.
luxātiō.
lūxus -ūs Üppigkeit zu pollūceō gehörig, vgl. λειξουρία und λειξουρεύειν D. C.
lūxuria.
lūxuriō 1.
Lycophrōn -onis Λυκόφρων -ονος.
Lycormās Λυκόρμας.
Lycūrgus Λυκοῦργος.
lympha wie nympha gr. νύμφη; altl. lümpa vgl. osk. Diumpais und limpidus.
lymphāticus.
Lyncēstae Λυγκησταί, vgl. lynx.
Lynceus Λυγκεύς wie lynx.
Lyncus Λύγκος.
lynx lyncis λύγξ von Wurzel luc- (lat. lūc- lūceō) vgl. Λύκειος Λυκοῦργος.
Lysander Λύσανδρος wie Euander.
Lysippus Λύσιππος vgl. Philippus.

M.

Maccus.
macellum μάκελλον Plut. NTest.(1.Cor.10,25).

macer macra macrum.
macror macrēscō 3. vgl. A. R. § 6 D.
Macra wohl wie μακρός.
Macrobius Μακρόβιος von μακρός.
mactō 1. vom f. W.
mactus von mag- vgl. maximus.
macte.
madēscō 3. von madēre.
Macander Μαίανδρος vgl. Euander.
magister Komparativbildung zu magis, vgl. d. f. W.
magistra.
magistrātus -ūs wie magister, vgl. Plaut. Persa 76, Rud. 477.
Māgnēs, vgl. A. R. § 1.
Māgnēsia ebenso.
māgnificus.
māgnitūdō.
māgnus māior māximus, māximus Gruter S. 18, 2, vgl. CIL VI 2080 17, auch nach Analogie von A. R. § 6 A 3 wahrscheinlich. In gr. Texten (Plut. u. a.) Μάγνος ist incorrect.
māiestās wie potestās.
māiusculus.
maledictiō s. dictiō.
malevolentia.
malīgnus vgl. Prisc. 2, 63 S. 82 H.
malīgnitās.
mālle aus ma(gis)velle vgl. māvīs māvolt u. s. w.
malleus zu mola morētum gehörig.
malleolus.
malva wie mollis.
Māmercus Μάμερκος Lyd. de mag. 1, 38

Plutarch Numa 21,
Aem. 2.
Mamertīnī *Μαμερτῖνοι*
vgl. CIA III 696,
1029, 10304, 10314,
106223,24, auch osk.
mamilla Ableitung von
mamma.
mamma vgl. d. v. W.
Mammaea von mamma.
Mamurra wie Mamurius.
manceps-ipis vgl. manus
und capio.
mancipium.
mancipō 1.
Mancīnus von mancus.
manens zu minor minuō
gehörig.
mandō 1. beauftrage von
manus Hand.
mandō mandī mānsum 3.
kaue.
mandūcō 1.
maneō mānsī mānsum 2.
mangō von mag-(magis)?
manifēstus handgreiflich
aus mani-fend-tus
vgl. īnfēstus,[mani]-
féstum F. Praen.
Dec. 1 (CIL I p.319).
manifestō 1.
Mānlius wie Mānīlius
von mānus Mānius.
mānsiō.
mānsuēscō 3. w. suēscō.
mānsuētus.
mantēle mantīle zu ma-
nus und texō tēla
gehörig.
mantica.
Mantinēa *Μαντίνεια*.
Mantō *Μαντώ* vergl.
μάντις.
manubrium vgl. Plaut.
Epid. 525.
manūmittō 3. s. mittō.
manūmissiō.
manūpretium vgl. Plaut.
Men. 544.

mappa.
marathrus vgl. Ov. med.
fac. 91 u. 92.
Mārcellus von Mārcus,
Marcéllo CIL V
7678, *Μαάρκελλος*
CIG 5644, *Μάρκελ-*
λος CIA III 1133 118,
1192 30, 1202 130,
die Kürze des e be-
zeugt Diomedes S.
431, 27 K.
Mārcellīnus.
marceō 2. vgl. *μαραίνω*
u. den Übergang von
a in u in murcidus.
marcēscō 3.
marcidus.
marcor.
Mārcius s. d. f. W.
Mārcus, Maarcus CIL I
1006, vergl. Rhein.
Mus. VIII S. 288,
Marci Boissieu S.
143, Ḿ (= Márcus)
IRN 2792, (=Már-
co) 3231, *Μάαρκος*
CIG S87,6155,6156,
vgl. Mārcellus.
Mārcius, Maarcius CIL
I 596, Március CIL
V 555, Boissieu
Inscr. de L. S. 136,
Μαάρκιος CIG 1137.
Mārciānus, Márcianus
I. II. 94.
margarīta.
margō vgl. gr. *ἀμέργω*.
marmor Reduplikation.
Mārrūcīnī und Mārūcīnī
wie d. folg. W.
Mārs Mārtis aus Mā-
vors, Mártis IRN
2189.
Mārtius.
Mārtiālis, Mártiáli
CIL V 7430.
Mārsī = Mārtii.
Marsyās *Μαρσύας*.

masculus v. mās maris.
masculīnus.
māssa wie māza.
Massicus.
Massilia.
Massinissaw. Masinissa.
māter mātris.
māternus   Māternus,
Μάτερνος.
mātertera.
mātrimōnium vgl. Pl.
Trin. 691, 782.
mātrimus.
mātrīx -īcis.
mātrōna,mátrónis CIL
V 5249.
mātruēlis.
Mātrona Maroc.
mātūrēscō 3. von mātū-
rus vgl. A. R. § 6 D.
Māvors -ortis.
Maxentius *Μαξέντιος*
viell. ā w. māximus.
māxilla von māla vgl.
Prisc. 3, 36 S. 110 H.
Schmitz Beitr. S. 47.
māximus s. māgnus.
māza *μᾶζα*, vgl. Cramers
Anecd. Ox. III S.293.
mediastrīnus vgl. olea-
ster.
medicāmentum vgl. A.
R. § 7 B 2.
mediocris.
mediocritās.
meditāmentum vgl. A.
R. § 7 B 2.
mediterrāneus s. terra.
medulla demin. Ableitg.
v.med-(medius),*Μɛ-*
δυλλία Μεδυλλῖνοι.
Megalēnsia.
mel mellis gr. *μέλι*.
melleus.
Melampus *Μελάμπους*.
Melanthius *Μελάνθιος*
von *μέλας* im Alter-
tum abgeleitet.
Meldī *Μέλδοι*.

Meleager -agrī und Meleagrus, im Verse nur Meleagrus, gr. Μελέαγρος vergl. Eurip. im Et. M.: Μελέαγρε μελέαν γάρ ποτ' ἀγρεύεις ἄγραν.
Melicerta Μελικέρτης.
Melpomenē Μελπομένη.
membrāna, μεμβράνη oder -ονNTest.Lyd.
membrānāceus.
membrum wie d. v. W., auch nach dem Romanischen e.
Memmius Μέμμιος Plut. Dio C. vgl. CIA III 613, 722, 11072.
Memnōn -onis Μέμνων.
Memphis Μέμψις.
Menander Μένανδρος wie Euander.
mendāx -ācis w. mentior.
mendācium.
Mendēs Μένδης.
mendīcō 1. von mendum.
mendīcus ebenso.
mendum u. menda zu minuō minor geh.
Meneclēs Μενεκλῆς.
Menippus Μένιππος w. Philippus.
mēns mentis vgl. Beda S. 230 K. und meminī, μέντεμ Plut. Rom.22 u. fort.Rom. S. 322 C, μέντις ebd. S. 318 D, span. mientre mientes.
mēnsa μῆνσα Plut. Qu. symp. 8, 6 S. 726 F.
mēnsis.
mēnsor, mēnsor CIL V 6786, μήνσορες Ld. de mag. 1, 46.
mēnstruus.
mēnsūra.
mentiō vgl. mēns mentis.

mentior 4. wie mentis.
Mentor Μέντωρ.
mentum v. men- (mineō).
mercēnnārius aus mercēd-nārius.
mercēs wie merx, davon Μεροκηδῖνος Plut. Numa 18 und Lyd. de mens. 4, 92 und Μεροκηδόνιος Plut. Caes. 59.
mercor 1. wie merx.
mercātor.
mercātūra.
mercātus -ūs.
Mercurius vergl. merx, Μερκούριος CIG 3705, vgl. 5716.
merda wie σμερδαλέον nach Priap. 68, 8.
meretrix -īcis vgl. Plaut. Men. 261, 335.
merga mit margō nächstverwandt.
merges ebenso.
mergō mērsi mērsum 3. vgl. A. R. § 6 A 3.
mērsō 1.
mergus wie mergō.
Mermēssus Μερμησσός.
Merops -opis.
merx mercis wie mereō, vgl. Mercurius.
Mesēmbria Μεσημβρία.
mespilum μέσπιλον.
Messālla Μεσσάλας z.B. CIA III add. 571 a.
MessālinaΜεσσαλῖνα.
Messālīnus.
Messāna = Messēnē.
Messāpus Μέσσαπος.
Messāpia Μεσσαπία.
Messēnē Μεσσήνη.
messis wie meto, e auch nach dem Roman.
messor wie d. v. W.
metallum μέταλλον.
metamorphōsis μεταμόρφωσις.

Metapontum Μεταπόντιον (Μέταβον) Str. 6, 254 ff. 265.
Metapontīnī.
Metellus Μέτελλος (Plut. Dio C.) vgl. Diom. S. 431, 27 K.
Mēthymna Μήθυμνα.
mētior mēnsus sum 4.
meto messuī messum 3.
metrēta μετρητής.
Mētrodōrus Μητρόδωρος.
mētropolis μητρόπολις.
metrum μέτρον, vergl. Mart. 4, 6.
Mettus Mettius Μέττος Μέττιος.
Mezentius Μεζέντιος Plut. Quaest. Rom. S. 275 E. Μεσέντιος Dionys. 1, 64.
migro 1. s. Pl. Trin. 639.
mīlle Plur. mīllia (mon. Ancyr. mīllia) und mīlia vgl. mīles u. frz. mil span. mil.
mīllēsimus.
mīlliārius u. mīliārium.
milvus aus mīluus vgl. Hor. ep. 1, 16, 51, Plaut. Rud. 1124.
milvīnus aus mīluīnus Plaut. Pseud. 852.
Mimās -antis.
mināx -ācis.
Mincius wohl wie Minucius.
Minerva vgl. Μινερβίας CIG add. 1813 b u. Μινερβίνης Zosimus 2, 20.
mingō minxī mictum 3. vgl. A. R. § 6 A 3.
minister Komp. zu minus, vgl. magister und administrō, osk. ministreis.
ministerium.

ministra.
ministrö 1.
Minturnae Μεντύρνα Dionys. bei St. B. sonst Μιντοῦρναι.
minusculus.
mīrābundus vgl. A. R. § 7 B 2.
mirmillō murmillō μερμίλλωνι CIG 3392, μορμίλλονες 2164.
miscellus vergl. misceō u. μίσκελος Hesych.
miscellāneus.
misceō miscuī mistum (mixtum) 2. aus miscēō gr. μίγνυμι u. μίσγω vergl. Joh. Schmidt Vokalism. I S. 123, vgl. it. misto.
misellus von miser.
miserēo -eruī -ertum 2.
miserēscō 3.
misericors -ordis w. cor.
misericordia.
mistūra von mistus s. misceō.
mitella Demin. v. mitra.
mitēscō 3. von mitis.
Mithridātēs s. Mart. 5, 76.
mitra vgl. mitella Verg. Copa 1.
mitrātus.
mittō mīsī missum 3. promeisserit CIL I 205, 2, 22, dimIssis Mon. Anc. (CIL III S. 862, 10).
missiō, mIssione ebds.
missilis.
moderātrīx -īcis vergl. moderātor.
modestus, Μόδεστος CIA III 1147ɔ, 1193 8, 17 und oft auf Inschr. u. sonst (z. B. Zos. 4, 11).
modestia.

molestus wie modestus.
molestia.
mōlīmentum vgl. mōlīmen.
mollis vgl. span. muelle u. mulier μαλακός.
mollēscō 3. vgl. A. R. § 6 D.
molliō 4.
mollitia.
molluscus v. mollis abgeleitet.
Molorchus Μόλορχος.
Molossus Μολοσσός.
mōmentum aus movimentum.
monastērium zu μονάς -άδος gehörig.
monostichium vgl. μονόστιχος.
mōns montis vgl. Prisc. 2, 13 S. 53 H.
montānus, Μοντανός CIG 4805 b, vgl. 1375, μοντιανόν Ath. p. 647 c, τριμόντιον Ptol. 3, 11, 12 u. s. w.
montivagus.
mōnstrō 1.
mōnstrātor.
mōnstrum.
mōnstruōsus.
monumentum vgl. A. R. § 7 B 2.
Mopsus Μόψος.
Mopsopius Μοψόπιος.
morbus zu morior geh.
morbidus.
morbōsus.
mordeō momordī mōrsum 2. vgl. A. R. § 6 A 3.
mordāx -ācis.
mordācitās.
mōrsus -ūs.
morior mortuus sum 3. gr. μορτός span. muerto.

mors mortis wie morior, span. muerte.
mortālis.
mortālitās.
Moschī Μόσχοι.
Mosella wie Demin. v. Mosa.
Mōstellāria (fābula) von mōstellum mōnstrum.
mox wohl w. Adverb nox.
mūccus neben mūcus.
mūccidus und mūcidus u. s. w.
mūcrō vgl. Atta 13 Ribb.
mulceō mulsī mulsum 2. von W. marc vgl. μαλακός, 'Mulciber (Beiname des Volkan) a molliendo ferro dictus' Paul. Festi S. 144.
mulcō 1. wie mulceō.
mulctra mulctrum von mulgeō.
mulgeō mulsī mulsum 2. vergl. gr. ἀμέλγω und A. R. § 6 A 3.
muliebris vergl. Plaut. Men. 167, Truc. 4, 3, 35.
muliercula von mulier.
mulleus vgl. ital. mula, sp. mulilla, fr. mulc.
mullus μύλλος.
mulsus mulsum wie mel, auch nach dem Romanischen u.
multa wie multus, altl. molta, osk. molto, umbr. motar.
multō 1.
multātiō.
multiformis s. multus u. forma.
multiplex -icis vergl. multus und Verg. Aen. 4, 189; 5, 264.
multiplicō 1.

multus, nach d. Rom. u.
Mulvius γέφυρα Μολ-
βία Paianios.
Mummius Μόμμιος Pol.
Dio C. CIG 1520,
vgl. CIA III 598.
Munda vgl. Μόνδα ποταμοῦ Ptol. 2, 5, 3.
mundus rein.
munditia.
mundus Welt w. d. v. W.
mundānus.
mungō mūnxī mūnctum 3. vgl. gr. μύσσω μύξα μύξος und A. R. § 6 A 3.
mūniceps -ipis.
mūnificentia.
mūnīmentum vgl. A. R. § 7 B 2.
Murcius vergl. marceō, Murcia Μυρτία Pl. Quaest. Rom. 20.
mūrex -icis.
Murgantia Μυργάντιον Μοργέντιον.
murmur Reduplikation.
murmurō 1.
murra μυρίνη μορρίνη.
murrinus.
mūsca wie mūs mūscus, nach dem Romanischen freilich u.
mūscerda s. Festus z. d. Worte.
mūsculus v. mūs mūris.
mūscus Moos ital. span.
musco.
mūscōsus.
mūssō wie mūtiō.
mūssitō 1.
mūstēla wie mūs.
mustus ital. span. mosto.
musteus.
mustum.
Mycalēssus Μυκαλησσός.
Myrmidones Μυρμιδόνες.

Myrrha Μύρρα vergl. μύρον.
myrrheus.
myrrhinus.
Myrtōus Μυρτῶος wie Μύρτος.
myrtus μύρτος.
myrteus.
mysta μύστης vgl. μύω μύσις.
mystērium.
mysticus.

N.

nanciscor nactus und nanctus sum 3. vgl. gr. ἤνεγκον.
narcissus νάρκισσος.
nardus nardum νάρδος.
Nāruia wie umbr. Nahark-.
nārrō 1. nārrem Boissieu Inscr. de L. S. 136, v. gnārus gnārurat vergl. Cic. orat. 47, narare wollte Varro schreiben, vgl. Wilmanns p. 179.
nārrātiō.
nāscor nātus sum nāscī vgl. pāscō.
nāssa vgl. nāre und d. f. W.
nāssiterna u. nāsiterna vgl. ternus.
nāsturcium 'quod nasum torqueat' Varro bei Nonius S. 12, span.
mastuerzo.
natrix -icis Lucil. 2, 21 M.
nāvifragus vgl. Vergil Aen. 3, 553.
Naupactus Ναύπακτος.
Naxus Νάξος.
nebris νεβρίς.
necesse von nec- (nectō nexus).
necessārius.
necessitās.

necessitūdō.
nectar νέκταρ.
nectareus.
nectō nexuī nexum 3. vgl. accesse necessārius.
nefandus vgl. A. R. § 6 B 1 c.
nefāstus von nefās.
neglegō -ēxī -ēctum 3. von nec-lego, vgl. lego und A. R. § 6 A 3.
neglegēns -entis.
neglegentia.
nempe = nam-que, bei Plautus öfters verkürzt vgl. Trinum. 328, 427 und Brix Trin. Einl. S. 17.
Neoclēs Νεοκλῆς.
Neoptolemus Νεοπτόλεμος.
neptis wie nepōs.
Neptūnus vgl. Nepeta nepeta Νέπετος.
Neptūnius Νεπτούνιος Ath. 6, 224 c.
nēquidquam oder nēquicquam.
Nerva Νέρβα CIG 1317, Νέρουας CIG 1074, 2911, Νέρβα Suidas u. a. vgl. Nero, Νερίνη Lyd. de mens. 4, 42.
Nervii Νερούϊοι Strabo.
nervus wie Nerva Nero.
nervōsus.
nesciō aus ne-scio vgl. nequeō u. s. w.
nescius.
Nessus Νέσσος.
Nestor Νέστωρ.
nex necis.
nexus s. nectō.
nictō von ni(g)veō.
niger nigra nigrum, Νίγρος Νίγροι.

nigrēscō 3. s.A.R. § 6D.
nigritia.
nigror.
nimbus vgl. nebula.
ningō ninxī ningere vgl.
nix nivis und A. R.
§ 6 A 3.
nitēscō 3. von nitēre.
nītor nīsus und nīxus
sum 3. nīxus von
W. gnig gebildet,
vgl. umbr. conegos
u. A. R. § 6 A 3.
nix nivis vgl. Diomed.
S. 431, 17 K.
noctū wie nox.
nolle aus ne-volle, vgl.
nōlō nōlam.
nōmenclātor, vulgär nu-
miclator numunclator (Jahn spec. ep.
p. 93).
Nōmentum Νώμεντον.
Nōmentānī Νωμεντα-
νοί.
Nōnacris Νώνακρις.
nōnāgintā griech. ἐνενή-
κοντα.
nōndum wie nōn.
nōngentī gr. ἐνακόσιοι.
nōnne wie nōn.
nōnnūllī u. s. w.
Nōrba Νώρβη.
Nōrbānus Νωρβανός
App. Νωρβᾶνος Dio
C. Νωρβανοί Dion.
Plut.
nōrma vgl. nārrō, īgnōrō,
γνώριμος.
nōscō nōvī nōtum 3.
vgl. γιγνώσκω.
nōscitō 1.
noster sp. nuestro, vgl.
vester; wie noster
auch nostrī Gen. zu
nōs.
nostrās.
nōtēscō 3. nótéscerct
CIL VI 1527 c 18.

novellus von novus.
november -is νοέμβριος
Plut. Dio C. CIG
6179 und sonst.
novendiālis von novem
und diēs.
noverca v. novus abgel.
nox noctis vgl. Charis.
S. 11, Diomedes S.
428, Servius comm.
in Don. S. 426, Serg.
de acc. S. 524 K.
nocturnus νοκτούρ-
νους Lyd. de mag.
1, 13.
noxa vgl. nocēre, νόξα.
noxia wie noxa.
noxius ebenso.
nūbō nūpsī nūptum 3.
nucleus vergl. nuculeus
bei Plautus.
nūllus von ne-ūllus, it.
nullo, span. nulo,
fr. nul.
Numantia Νομαντία.
nummus zu numerus νό-
μος gehörig.
nunc wie hunc gebildet,
vgl. A. R. § 5.
nūncupō 1. v. nōm- (nō-
men)u.cap-(capere).
nūncupātiō.
nūndinae und nūndinum
altl. noundinum, v.
novem-din- vgl. no-
vendiālis u. Iūppi-
ter, nūper (aus nov-
per).
nūndinor 1.
nunquam aus ne-unquam.
nūntius aus nov-ntius
vgl. nūndinae.
nūntiō 1.
nūptiae wie nūbō nūp-
tum.
nūptiālis.
nūsquam aus ne-ūsquam.
nūtriō 4. wie nūtrīx.
nūtrimentum.

nūtrīx -īcis vgl. Plaut.
Curc. 643, nūtrī-
cātus Mil. 656, nū-
trīcant Mil. 715.
nux nucis.
Nycteus Νυκτεύς vgl.
νύξ ἐννύχιος nox.
nympha νύμφη.
nymphaeum.
Nȳssa und Nȳsa Νῦσα.

O.

Oaxēs.
obba ἄμβιξ verw. mit
ὀμφαλός.
obcaecō, obdō u. s. w.
aus ob-caccō, ob-dō.
obdormīscō 3. von ob-
dormīre.
obeliscus ὀβελίσκος.
obex -icis.
obiciō -ēci -ectum 3.
obiectō 1.
obiectus -ūs.
obiūrgō 1. wie iūrgō.
obiūrgātiō.
oblectō 1. von ob-laciō.
oblectāmentum.
oblīquus vgl. sublīmis u.
licinus.
oblīviscor oblītus sum 3.
von ob-līv-, viel-
leicht -īscor.
oblīviō, oblīvium.
obmūtēscō 3. von ob u.
mūtus gebildet, vgl.
A. R. § 6 D.
obnoxius vgl. noxia.
obrussa ὄβρυζον.
obscēnus auch nach den
Etymologien der
Alten mit ob oder
obs zusammenges.
obscēnitās.
obscūrus.
obscūrō 1.
obscūritās.
obsecrō 1. vergl. sacro
sacer.

obsecrātiō.
obsequor 3. aus ob-sequor.
obsequēns -entis 'Οψεκούέντης Plut. fort. Rom. 10.
obsequentia.
obsequium ὀψίκιον.
obses von ob-sed-.
obsideō -sēdī -sessum -sidēre v. ob-sedeō.
obsessiō.
obsessor.
obsidiō, obsidium.
obsīdō -sēdī -sessum 3. v. ob-sīd-, s. sedeō.
obsolēscō 3. v. obsolēre.
obsōnium ὀψώνιον.
obsōnō 1. vgl. Plaut. Bacch. 97.
obstetrīx -īcis vgl. Pl. Capt. 625.
obstinō 1. vgl. dēstinō.
obstinātiō.
obstrictus vergl. stringō strictus.
obstrūctiō vergl. struo strūctum.
obstupēscō 3. von obstupēre.
obsurdēscō 3. von ob und surdus gebildet, vgl. A. R. § 6 D.
obtēctus s. tego tēctus.
obtingō -igī 3. von obtangō.
obtorpēscō 3. von obtorpēre.
obtrēctō 1. s. trāctō.
obtrēctātiō.
obtruncō 1. s. truncus.
obtūtus -ūs v. ob-tueor.
obvius, obviam.
obumbrō 1. wie umbra.
obuncus wie uncus.
occ- in Zusammensetzungen aus obc-.
occallēscō 3. von obcallēre.

occāsiō s. Pl. Persa 268.
occidō 3. von ob-cado.
occāsus -ūs.
occidēns -entis.
occiduus.
occīdō 3. von ob-caedō.
occīdiō, occīsiō.
occinō occinuī occentum 3. von ob-cano.
occipiō -ēpī -eptum 3. von ob-capiō.
occiput von ob-caput.
occlūdō 3. v. ob-claudō.
occō 1. vgl. ocris (Fest.) und span. abuecar.
occulō -uluī -ultum 3. occultum Pl. Capt. S1, Trin. 664, 712.
occumbō 3. wie occubō.
occupō 1. von ob-cap-(capiō).
occupātiō.
ocellus von oculus.
Oclatius 'Οκλάτιος.
Ocnus "Οκνος.
ocrea vgl. Verg. Aen. 7, 634; 8, 624.
ocreātus.
Ocriculum "Οκρικλοι.
Ocrisia 'Οκρισία Dionys. 4, 1.
octāns s. octō.
Octāviānus 'Οκταβιανός.
Octāvius 'Οκτάβιος CIA III 817, 1163 40 und sonst, oder 'Οκτάουιος.
octō ὀκτώ, vgl. d. v. und d. f. W.
octāvus.
octingentī ὀκτακόσιοι.
octōgintā ὀγδοήκοντα.
octuennis vgl. annus.
octuplus vgl. duplus.
octussis vgl. as assis.
octōber -ōbris ὀκτώβριος Plut. Dio C. Lydus und Inschr.
Odrysae 'Οδρύσαι.

Odyssēa 'Οδύσσεια vgl. 'Οδυσσεύς 'Οδῦσεύς.
Oeagrus.
Oeagrius vgl. Sil. It. 5, 463.
Oenōtria Οἰνωτρία.
ofella Deminutiv zu offa, 'Οφέλλας Plut. Sulla 29, 33.
Ofellius 'Οφέλλιος CIA III 2874 Arr. Ep. 3, 22, 27.
off- in Zusammensetzungen aus obf-.
offa wie ofella, ὄφα D. C. offla ὀφλάριον gl. Labb.
offendō -endī -ēnsum 3. vgl. dēfendō.
offensa.
offensiō.
offensiuncula vgl. A. R. § 7 B 5.
offensus.
officīna aus opificīna.
officium aus opificium, ὀφφίκιοις Arr. Ep. 3, 24, 117, ὀφφικίων Lyd. de mag. 2, 24, vgl. auch C. Porph. de caer. aul. S. 20 18, 66 13 und sonst.
officiālis ὀφικιάλιος Hesych.
Olbia Ὀλβία.
oleaster, -aster (vgl. pinaster) wohl wie -estus u. s. w. (A. R. § 7 B 4) kurz.
olfaciō 3. vgl. olēre odor (odefacit dicebaut pro olfacit, Paul. Festi S. 179 12).
ōlla aus aulula v. aula, Aululāria (fābula).
Olympus 'Ολυμπος.
Olympia, olympias.
Olympius.

Olynthus Ὄλυνθος.
ōmentum s. A. R. § 7 B 2.
omnīnō wie omnis.
omnis vgl. Plaut. Trin. 261, Ritschl proll. CXXXII.
Omphalē Ὀμφάλη.
onyx -ychis.
opella von opera.
operculum von operiō.
operiō -eruī -ertum 4.
opifex -icis.
oportet vgl. portiō.
opp- in Zusammensetzungen aus obp-.
opperior opperītus (oppertus) sum 4. vgl. experior.
oppidō = ἐμπέδως.
oppidum v. ob-ped- (πέδον) Ὀππιδόνεον ἢ Ὄπιδον νέον Ptol.
oppidānus.
Oppius Ὄππιος.
opportūnus v. ob-portu-.
opportūnitās.
opprimō -essī -essum 3. von ob-premo.
opprobrium vergl. z. B. Ov. met. 8, 155.
ops opis.
optimus altl. opitumus, vgl. ὄπτιμος Dio C. 68 23, Mionnet III 490, 91.
optimās ὀπτιμᾶτοι Const. P. d. c. aul. B. S. 460 14, 478 1.
optiō Lieutenant, ὀπτίων Plut. Galb. 24, Lyd. de mag. 1, 46, ebs. Inschr.
optiō Wahl, wie
optō 1. wie optimus, Ὀπτᾶτος Plut. de soll. aniu. S. 965 c, CIG 3407, CIA III 926, 1122 50, 1128.
optīvus.

Marx, Hülfsbüchlein.

opulēns -entis u. -entus.
opulentia.
Opūs -ūntis Ὀποῦς -οῦντος.
Opūntius.
opusculum von opus.
orbis vgl. d. f. W.
orbiculātus μῆλα ὀρβικουλάτα Galen XIV p. 289 Kühn, ὀρβικλάτον D. C.
orbita vgl. Ὄρβιτα Ptol. 4, 3, Orfitus Ὀρφιτος CIG 2169, CIA III 620, add. 903 a, aber auch Órfito CIL VI 353.
Orbius Orbilius Ὄρβιος Ὀρβίλιος.
orbus vgl. ὀργανός.
orbitās.
orbō 1.
Orbōna.
ōrca n. d. Romanischen ō.
Orcades Ὀρκάδες.
Orchamus ὄρχαμος.
orchēstra ὀρχήστρα.
Orchomenus Ὀρχόμενος.
orcus neapol. huorco, altsp. huergo huerco uerco traurig.
orcīnus, ὄρκινος λίβερτος.
ōrdior ōrsus sum ōrdīrī wie ōrdō.
ōrsus -ūs Aufang.
ōrdō ōrdine CIL II 4550, ōrdinis Boissieu I. de L. S. 136, byz. freilich ὀρδιν-.
ōrdinārius, ὀρδινάριοι schon Lydus.
ōrdinō 1.
ōrdinātiō.
Orestēs Ὀρέστης.
organum ὄργανον.
orgia ὄργια.
orichalcum vgl. χαλκός und χάλυβες.

oriēns -entis.
orior ortus sum orīrī.
oriundus.
ortus -ūs.
ōrnō 1.
ōrnāmentum, ornamentum Boissieu I. de L. S. 136, ornámenta Orelli 622, vgl. Schmitz Beitr. S. 42, freil. ὀρνᾶτος Athen. 14 p. 647 c.
ōrnātrīx -īcis.
ōrnātus -ūs.
ornus.
Orontēs Ὀρόντης.
orthographia ὀρθογραφία.
Ortōna Ὀρτών.
Ortygia Ὀρτυγία.
os ossis span. hueso.
ōscen 'ore canentes faciunt auspicium' Varro d. l. l. 6, 76.
Oscī Ὄσκοι Strabo u. a. ursprüngl. jdfs. ō, weil aus Opicī Opscī (Titin. 104 Ribb.).
ōscillum von ōsculum.
ōscitō 1. von ōs u. cicō.
ōsculum von ōs ōris, vgl. ausculum Prisc. 1, 52 S. 39 H.
ōsculor 1. vgl. ausculari Plaut. Mil. 390, 391, Paul. Fest. S. 28.
Ossa Ὄσσα.
osseus ossiculum u. s. w. von os.
ossifragus von os und frag- (frangō).
ōstendō ōstendī ōstēnsum ōstentum 3. v. obs-tendō s. tendō.
ōstentō 1.
ōstentātiō.
ōstentum.
Ostia Ὠστία Pol. Diod. Steph. Byz. Suidas.

ōstium v. ōs, austia CIL
I 1463, V 704, ὤστια schol. Aristoph.
Plut. 330, ω u. o bei
Suidas, vgl. Ōstia.
ōstiārius.
ostracismus ὀστρακισμός.
ostrea und ostreum ὄστρεον.
ōstrum gr. ὄστρεον, aber
nach Priscian S. 39
alt austrum.
Othryadēs Ὀθρυάδης.
Othrys Ὄθρυς.
ovīllus von ovīnus.
Ōxus Ὦξος Strabo Arr.

P.

paciscor pactus sum paciscī von pac- vgl.
A. R. § 6 D.
pactiō.
quō pactō.
Pactōlus.
pactum Bündnis byz.
πάκτον, s. paciscor.
paelex -icis.
Paelignī Prisc. 2, 63 S.
82 II. gr. Παιλῖνοι
(Hss.App. b.c.1,39).
paenīnsula.
paenitentia.
palimpsēstus παλίμψηστος.
palla wohl a. weil II
blieb in pallium.
Palladius Παλλάδιος von
πάλλω.
Pallantias und Pallantis
wie Pallās -antis.
Pallas -adis Παλλάς von
πάλλω.
Pallās -antis Πάλλας
von πάλλω.
Pallantēus vgl. Palātinus λόγος Παλλάντιος Ael. v. h.
12, 11.
Pallantius.

palleō 2. vergl. pullus πελιός πελλός
schwarz.
pallēscō 3.
pallidus.
pallor.
pallium von palla.
palliātus.
palliolum.
palma flache Hand vgl.
παλάμη und palam.
palmula.
palma Palme wie palma
flache Hand.
palmāris.
palmārius.
palmētum.
palmes wie palma Hand.
palpebra wie palpō.
palpitō 1. ebenso.
palpō und palpor 1.
streichele, zu πάλλω pellō pila gehörig, Reduplikation.
palūdāmentum παλουδαμέντοις Lyd. de
mag. 2, 4.
palumbus wie columba.
palūster von palūs.
Pamphȳlia Παμφυλία
vgl. pancratium.
pampinus mit papula
verwandt?
pampineus.
pancratium παγκράτιον
vergl. Panathēnaea,
panēgyricus, Panormus.
Panda vgl. Patella und
pandō.
pandecta πανδέκτης wie
pancratium.
Pandīōn -onis Πανδίων
ebenso.
pandō pandī pānsum
und pāssum 3. mit
patēre nächstverw.
pāssum aus pānsum.

Pandōra Πανδώρα wie
pancratium.
Pandrosos ebenso.
pandus wie pendeō.
pangō pepigī pāctum
(pānxī pānctum) 3.
zu pangō vgl. pepigī, zu pāctum pāgina, dazu vgl. die
Komp.z.B.compingō
-pēgi -pāctum 3.
und A. R. § 6 A 3.
Pāniscus Πανίσκος.
Pannonia Παννονία.
pānnus und pānus vgl.
Lucilius bei Nonius
S. 149,23 u. Festus
S. 220, gr. πῆνος.
pānniculus πανούκλιον (Hes. in πηνίον).
Pauormus Πάνορμος.
Pānsa, auf dessen Münzen die Maske des
Pāu erscheint.
pantex -icis wie pandus.
pantheon w. pancratium.
Panthous Πάνθοος ebs.
pantomīmus παντόμιμος
(πάντα).
Paphlagōn -onis vergl.
Plaut. Curc. 442.
Paphlagonia.
papilla von papula.
pappus, vielleicht ā, vgl. Pāpus Pāpius, pappāre
pūpāre, auch gr.
παππίας πάπιας.
paradīgma παράδειγμα.
Parca von pariō, Geburtsgöttin.
parcō peperci parsum 3.
wie parcus.
parcus w. parvus parum.
parēus -entis παρέντης
Lyd. de mag. 1, 26.
parentālia.
parentō 1.
Parentium Παρέντιον.
pariō peperī partum 3.

partus -ūs.
parma Parma Πάρμα Strabo.
parmula.
Parnassus besser -āsus, Παρνασόςιορ.Παρνησός.
parra u. parrus, viell. ā (parus Hs. in Rieses A. L. 762,9 vgl.733, 9), umbr. parfa.
Parrhasius und Parrhasis Παρράσιος.
parricīda v. patri-cīda?
parricīdium.
pars partis vgl. Diomed. S. 431, 17 K. u. portiō impertior u. a.
partiārius.
particula.
partim.
partior 4.
partītiō.
parsimōnia wie parcō.
Parthenius Παρθένιος von παρθένος.
Parthenopaeus.
Parthenopō.
Parthī Πάρθοι.
Parthia.
particeps -ipis vgl. pars partis.
participō 1.
parturiō 4. von pariō partum.
parumper von parum.
parunculus v. paro Barke vgl. A. R. § 7 B 5.
parvus wie parum.
parvitās.
parvulus.
pāscō pāvī pāstum 3. vgl. pāvī und pāstor.
pāscuus.
passer.
passerculus.
Passiēnus, wohl a, s. Sen. contr. 10 praef. 11.
pässim w. pässus pānsus.

passiō, passīvum wie passus von patior.
pāssus -ūs Schritt von pandō pāssum.
pāstillus w. pāscō pānis.
pastinum, vielleicht ā wie pāstum.
pāstiō Weide wie pāscō pāstum.
pāstor paastores CIL I 551, pástoris IRN 2226, vgl. pāscō.
pāstōrālis.
pāstus -ūs Weide wie pāstor.
patella von patera, πατέλλα Poll. on. 6, 85.
pater patris.
Paterculus Πάτερκλος CIA III 1121 62, 1197 38, Πατέρκουλος Plut.
paternus Paternus Πάτερνος Lyd. de mag. 1, 9, 47 u. öfter.
patrātus.
patria.
patricius.
patrimōnium.
patrīnus.
patrius.
patēscō 3. von patēre.
patiēns -entis.
patientia.
patior passus sum patī.
Patrae Πάτραι.
Patrēnsēs.
patro 1. vgl. Pl. As. 114.
patrōcinium s. d. f. W.
patrōcinor 1. v. patrōnus.
Patroclus Πάτροκλος.
patrōnus wie pater, vgl. Hor. ep. 1, 7, 54.
patrōna.
patruus von pater, vgl. Hor. c. 3, 12, 3.
patruēlis z. B. Ov. met. 1, 352.
Patulcius wie patulus.

pavēscō 3. von pavēre.
pavīmentum vgl. A. R. § 7 B 2.
paulisper von paulis, dies wie magis nimis.
paupertās von pauper.
pāx pācis.
pāxillus von pālus s. Schmitz Beitr. S. 37, 47.
peccō 1. mit piget verw.
peccātum.
pecten wie pectō.
pectunculus s. A. R. § 7 B 5.
pectō pexī pexuī pexum 3. vgl. πέκω πέκτω πεκτέω.
pectus Πεκτορίου CIG 9890, πεκτοράριςD. C. auch u. d. Rom. e.
pedester vgl. equester.
pēgma πῆγμα.
Pelasgī Πελασγοί.
Pella Πέλλα.
pellāx -ācis vgl. pelliciō.
pellācia.
pelliciō -exī -ectum aus per-laciō.
pellis.
pellārius πελλοράφος Philox.
pellicula.
pelliō.
pellītus.
pellō pepulī pulsum 3.
pellūceō 2. aus per-lūceō.
pellūcidus πελούκιδον Athen. 14 p. 647 c.
Peloponnēsus Πελοπόννησος.
Peloponnēsiacus.
Pelops -opis.
pelta πέλτη.
peltastēs πελταστής.
pelvis aus pelluis, Velius L. S. 63, 18 K.
pendeō pependī pēnsum 2. wie pendō pendulus.

pendō pependī pēnsum
3. vgl. pondus.
penetrō 1. vgl. Verg.
Aen. 1, 243; 7, 363.
penetrālia.
pēnicillus und -um von
pēniculus.
penna aus petna von
pet- (petere πετέ-
σθαι), eins mit pinna, πέννα Hesych.
pennula.
pēnsilis.
pēnsiō.
pēnsitō 1.
pēusō 1.
pēnsum.
pentameter -etrī πεντά-
μετρος.
pentapolis πεντάπολις.
pentāthlum πένταθλον.
Pentelicus Πεντελικός.
Penthesilēa Πενθεσί-
λεια.
Pentheus Πενθεύς.
peplum peplus πέπλον
πέπλος.
peragrō 1. z. B. Lucr.
1, 926.
percellō -culī -culsum 3.
vgl. celer κέλλειν.
percipiō -ēpī -eptum 3.
perceptiō.
percitus von per-cieō.
percontor 1. wie contus,
'ex nautico usu qui
conto pertemptant
cognoscuntque navigantes aquae altitudinem' Festus
214, 9, Donat zu
Ter. Hec. 1, 2, 2.
percutiō -ussī -ussum 3.
von per-quatiō.
percussiō.
percussor.
percussus.
Perdiccās Περδίκκας.
perdix -icis πέρδιξ.

perdō 3. vgl. Plaut. Aul.
4, 9, 12 und 13.
perditus.
perductor s.dūcō ductum.
perduellis von per und
duellum (s. bellum).
perduelliōπερδουελλί-
ωνος Dio C. 37, 27.
peregre vgl. Hor. ep. 1,
12, 13.
peregrīnus vgl. Hor. sat.
2, 2, 22, gr. Περε-
γρῖνος.
peregrinor 1.
peregrīnitās.
peremptālis vgl. perimō
peremptum.
perendiē v. perem παρά.
Perenna wie perennis.
perennis Περέννιος Dio
C. u. Herodian 1, 8,
Περεννιανός CIG
2189.
perficiō -ēcī -ectum 3.
perfectus πέρφεκτος
CIG 3368.
perfidus v. per (=παρά)-
fid-.
perfidia.
perfringō -ēgī -āctum 3.
wie frangō.
perfugium.
perfūnctiō v.per-fungor.
PergamumPergamusΠέρ-
γαμον Πέργαμος.
Pergamēnus.
pērgō perrēxī perrēctum
pērgere, pērgō aus
pe(r)-r(e)go hatte
wahrscheinlich ē,
vgl. sūrgō.
pergula πέργουλα D. C.
precula bei Quint.
1, 5, 12.
Periander Περίανδρος,
vgl. Euander.
PericlēsΠερικλῆςv.περί.
periclitor 1. vgl. periculum u. Pl. Amph.688.

Periclymenus Περικλύ-
μενος.
Perillus Πέριλλος wie
περί.
perimō -ēmī -emptum 3.
s. emo.
peremptor.
perinde wie inde.
Perinthus Πέρινθος.
peristȳlum und peristȳ-
lium περί-στυλον
περιστύλιον.
periūrō v. per (=παρά)-
iūrō.
Permēssus Περμησσός.
permīssiī von permītt¯.
permīxtiō und permīstiō
von per-mīsceō.
perna von per (πρό
πέραν), gr. πέρνα,
span. pierna.
perniciēs wie per-neco.
perniciōsus.
pernix -īcis wie perna.
pernīcitās.
pernōscō 3. s. nōscō.
pernōtēscō 3. s. nōtēscō.
pernox -noctis vgl. Prisc.
7, 43 S. 323 H.
perpendiculum s. pendō,
σερπενδίβουλουμ
Hesych. vor στάθ-
μη.
perperam zu per (παρά)
geh. u. Reduplikation, gr. πέρπερος.
Perperna -penna Περ-
πέρνας CIG 3663,
Dio C. Περπέννας
Plut. App.
perpetior -pessus sum 3.
perpetrō 1. wie patro.
perpetuus von per-pet-
(peto),ἤδικτον περ-
πέτουον Paeanios
Eutrop. 8, 17.
perpetuitās.
perplexus vgl. plectō.
perprimō -essī -essum 3.

perquam.
perquīrō 3. a. per-quaerō.
perrēptō 1. v. per-rēpō.
Persa *Πέρσης*.
Persepolis.
Persicus, Persis.
Persēis *Περσηίς*.
Persephonē *Περσεφόνη*.
Persēs *Πέρσης*.
persevērō 1.
Perseus *Περσεύς*.
persicum (mālum) von Persicus, auch nach dem Romanischen e.
Persius*Πέρσιος*z.B.Lyd. de mag. 1,19, 32, 41.
persōna wie per-sonāre nach Gellius 5, 7.
persōlla.
perspiciō -exī -ectum 3.
perspicuitās.
perspicuus.
persultō 1. von per-saliō.
pertica von pert *πέραν*, *περτίκα* Metrolog b.
·Hultsch 1 p. 184, 25.
pertincō 2.
pertinäx -ācis *Περτίναχος* CIA III 536 f.
Kaiser *Περτίναξ*.
pertinācia.
pertrāctō 1. s. trāctō.
perversus v. per-vertō.
pervicāx -ācis von pervic- (vincō).
pervicācia.
pervigilium.
pervius.
Pesceunius *Πεσκέννιος* Dio C. 73, 13.
pessimus, ē wenn von peg- (piget piger) oder ped- (pedes pēssum), aber Ter. Maur. erklärt das e in pēior für von Natur kurz v. 619 f. doch wohl mit Rücksicht auf pessimus.

Pessinūs -ūntis *Πεσσινοῦς -οῦντος*.
pessulus *πάσσαλος*.
pēssumdō 1. bess. pēssum dō, pēssum von ped- (pedes *πέδον*), ē u. Analogie v. A. R. § 6 A 3, obgl. bei Pl.⸗ Persa 740 im Wortspiel m. Persa.
pēstis aus perstis von per-(pereō)?
pēstilēns -entis.
pēstilentia.
petra *πέτρα*.
Petrēius *Πετρήιος* App.
Petrīnī *Πετρῖνοι* Diod.
Petrōnius*Πετρώνιος*Pol. Strabo Jos. CIA III 1112 49, constant.
petulāns -antis.
petulantia.
Phaeāx -ācis.
Phaëthōn -ontis *Φαέθων -οντος*.
phalanga *φαλάγγη*.
Phalanthus *Φάλανθος* wie *φαλακρός*.
phalanx -angis *φάλαγξ* vgl. palanges Prob. app. 197 K.
phalangītae.
pharetra Hor. c. 2, 16, 6.
pharetrātus.
Pharsālus jetzt*Φέρσαλα*.
Pharsālia.
Phereclus *Φέρεκλος*.
Philippī wie d. f. W.
Philippus *Φίλιππος* mit *ἵππος* (equos) zusammenges., Plautus brauchte Philippus und Philippeus nur mit Betonung der 1. u. Verkürzung der 2. Silbe.
Philippeus.
Philippicus.
Philoctētēs *Φιλοκτήτης*.

philtrum *φίλτρον*.
Phlegra *Φλέγρα*.
Phlegraeus*Φλεγραῖος*.
Phoenīssa wie d. f. W.
Phoenīx -īcis.
Phorcys *Φόρκυς*.
Phormiō *Φορμίων*.
Phrixus *Φρίξος*.
Phryx Phrygis.
phȳlarchus *φύλαρχος* vgl. *ἄρχω ἄρχων*.
Phyllēis wie d. f. W.
Phyllis *Φυλλίς* vergl. *φύλλον*.
Picēns -entis *Πίκεντες* Polyb. Strabo.
Pīcentia *Πικεντία*.
Piceutīnī *Πικεντῖνοι*, *Πεικεντείνης* CIG 3991.
pictor w. pictus s. pingō.
pictūra ebenso.
piger pigra pigrum.
pigritia, pigror.
pigmentum pigmen[t CIL VIII 1344, vgl. *πιμέντα* πιμεντάριος Hesych. *πιγμέντις* Lyd. de mag. 3, 20, *πημεντάριος* byz. vgl. ital. pimicnto sp. pimienta prov. pimenta und pimen altfranz. piment.
pīgnus.
pīgnerōr 1.
pīlentum vgl. A. R. § 7 B 2.
pīlleus pīlleum u. pileus pīleum gr. *πῖλος*.
pīlleātus.
pīlleolus.
Pīlumnus Participialf. entspr. gr. -*όμενος*.
Pimpla *Πίπλειαι* Hes.
Pimplēis, Pimplēus.
pinaster vgl. oleaster.
pincerna byz. *ἐπικέρνης* neben *πιγκέρνης*.
Pindarus *Πίνδαρος*.

Pindus Πίνδος.
pingō pīnxī pīctum 3.
  pingō nach d. Romanischen, pīnxī pīctum u. A. R. § 6 A 3.
pīnguis sp. pringue sard.
  pingu Fett, pringar mit F. bestreichen.
pīnguēdō.
pīnguēscō 3. vgl. A. R. § 6 D.
pinna wie penna vgl. das Frgm. de acc. e cod. Bob. p. 142 Endl.ebs. u.d.Rom.i.
pinnātus.
pinnula.
pīnsō pīnsuī pīnsitum 3.
  auch pīnsī pīstum oder pīnsum pīsum.
piscis, nach d. Rom. i.
piscātor.
piscātus -ūs.
piscīna.
piscōsus.
PisistratusΠεισίστρατος
pīstillum v. pīnsō pīstum.
pīstor ebenso.
Pīstōria wie pīstor vgl. Plaut. Capt. 160.
pīstrīna wie pistor.
pīstrīnum ebenso.
Pittacus Πίττακος.
Pittheus Πιτθεύς.
pix picis vergl. Pomp. comment. S. 115 K.
placenta vgl. A. R. § 7 B 2 u. Pl. Capt. 162.
Placentia Πλακεντία.
plaucus Plancus vgl. πλατύς gr. Πλάγχος Πλάγχον (Plut. Antou. 18 u. 58).
plangō plānxī plānctum 3.
  zu plaugō vgl. πλάζω ἔπλαγξα neben πλήσσω , plānxī plānctum nach A. R. § 6 A 3.

plānctus -ūs.
plangor.
planta Fufssohle w. πλατύς platea platessa.
planta Pflanze wie d. v. W.
plantāris.
plantārium.
plantātiō.
plantō 1.
plēbīscītum richtiger plēbī scītum.
plēbs plēbis, plēbs CIL V 6797.
plector 3. büfse.
plēctrum πλῆκτρον.
Plēmmyrium Πλημμύριον.
plērusque plēraque plērumque.
plexus v. plectō flechte vgl. gr. πλέκω.
Plisthenēs Πλεισθένης.
Plīsthenidēs.
plōstellum von plaustrum plōstrum.
plumbum, nach d. Rom. u, vgl. auch gr. μόλιβος neben μόλυβδος.
plumbeus.
plūsculus von plūs.
Plūtarchus Πλούταρχος vgl. ἄρχω ἄρχων.
pōcillum von pōculum.
podagra vgl. Cat. 71, 6.
Poeās -antis Ποίας -αντος.
poëtria ποιήτρια.
poëtris ποιητρίς.
polenta von polen (pollis puls) s. A. R. § 7 B 2.
Poliorcētēs πολιορκητής.
Pōlla = Paulla s. Pōlliō.
pollen und pollis vgl. polenta.
polleō 2.
pollentia Πολλεντία Strabo, Πόλλεντος -έντιον Steph.

pollex -icis.
Pollia tribus, Πολλία.
polliceor 2. aus pol(por pro)-liceor.
pollingō -īnxī -īnctum 3. o wie in polliceor, ī nach A. R. § 6 A 3.
pollīnctor u. pollictor.
Pōlliō v. Paullus, Póllioni CIL V 5906, Πωλλίων Πωλίων Pl. Dio C. Suid. u. a. CIA III 1113₂₈, 1122₄₉, 1193₂₂, (Ausnahme Πολ- bei App.) ; ebs. Πῶλλα Πωλλιανός Πωλλῖνα u. a.
pollūceō -ūxī -ūctum 2. v. pol-lūceō (lūxus).
pollūctūra.
polluō 3. wie polliceor.
Pollūx -ūcis altl. Polouces, gr. Πολυδεύκης, vgl. pol edepol.
Polymnēstor Πολυμνήστωρ.
Polyxena Πολυξένη.
pompa πομπή.
Pompeī Πομπηία Dionys. 1, 44, -ήιοι Plut.
Pompēius Πομπήιος Plut. CIA III 769₃ und überall.
Pompēiānus Πομπηιανός.
Pompēdius Πομπήδιος.
Pompilius Πομπίλιος.
Pompōnius Πομπώνιος.
Pomptinus vgl. Ποντῖναι λίμναι, aber Πώμπτιλλα CIG 5759 u.
Πωμεντεῖνα (für Pomptīna tribus) Ephem. epigr. IV S. 214.
pondus vgl. den Vokalwechsel in pendō

— 55 —

dipundium, auch o. dem Romanischen o.
pondero 1.
ponderosus.
pondo.
pōns pontis sp. puente, πόντεμ Plut. Numa 9, πόντην Lyd. de mens. 3, 21, Procop.
pontifex -icis ποντίφιξ Dionys. Dio C. Zos. 4, 36, ποντίφεξ Lyd. de mens. 3, 21, Ποντοφίκιος Dion. 9, 5, ποντίφικαKaibel Syll. add. 888 a.
Pontius Πόντιος.
pontus πόντος.
popellus von populus.
poples Lucr. 4, 950.
Poppaea Ποππαία.
Porcius Porcia Πόρκιος Πορκία Plut. CIG 3162, add. 2007 c, vgl. CIA III 871.
porcus sp. puerco, πόρκος Plut. Publ. 2, 11, vgl. Porcius.
porcellus, porcinus.
Porphyriōn -ōnis Πορφυρίων -ωνος.
porricio -ectum 3. vgl. polliceor.
porrigō -exi -ectum 3. s. polliceor u. rego.
porrō von por- pro- vgl. πόρρω.
porrum und porrus sp. puerro, gr. πράσον.
Porsena Πορσήνας Πορσίνας.
porta πόρτα CIG 8661, Πόρτα Αὐγούστα Ptol. v. πόρος nach Etym. M. 683, 57, sp. puerta.
portendo -endi -entum 3. s. polliceor u. tendo.
portentum.

portentosus.
Porthāōn -onis Πορθάων.
Porthmeus Πορθμεύς.
porticus wie porta, πόρτιχος Hesychius, πόρτηξ und πόρτικος Const. P. de c. a. oft z. B. S. 22 16, 26 1, 209 13.
portio wie pars partis.
portitor wie portō.
portō 1. v. porta, δηπορτᾶτος Hesych. δεπορτατεύειν πορτάριος byzant.
portōrium wie portitor.
Portūnus wie portus.
Portūnālis.
portus -ūs Πόρτῳ CIG 6000, 6307, Πόρτος μᾶγνος Ptol. 2, 3, span. puerto.
portuōsus.
pōsca wie pōculum pōtō, später pūsca φοῦσκα.
pōscō popōsci 3. aus porscō vgl. precor procāx.
possideo -edi -essum 2. vgl. post u. sedeō.
possīdō 3. ebenso.
possum s. A. R. § 6 E 1.
post vgl. Pomp. comm. S. 115 K. sp. pues despues.
posteā.
posteri, posteritās.
posticus.
postquam.
postremus.
postumus Πόστουμος od. Πόστομος (CIG 4957).
postis zu positus gehörig.
postridie v. postereidie.
postscaenium und pōscaenium.

pōstulō 1. aus porstulō wie pōscō.
pōstulātiō.
pōstulātor.
Postumius von postumus, Ποστούμιος Inschr. Pol. Dio C. Ποστόμιος Dionys. Ποστούμιος CIA III 1171 29.
potēns -entis πότηνς Plut. Numa 9.
potentia Πυτεντία.
potestās von potis, vgl. Pl. Capt. 931, Κλωδία Ποτέστα Phlegon macrob. 2, ὁ ποτεστάτος byz.
potissimus von potis.
Potniae Ποτνιαί.
pōtulentus wie lentus.
praecello 3. s. percellō.
praeceps -ipitis.
praecerpō -erpsi -erptum 3.
praecipiō -epi -eptum 3.
praeceptor.
praeceptum.
praecordia w. concordia.
praecox -ocis.
praecutio -ussi-ussum 3.
praeficiō -eci -ectum 3.
praefectus πραίφεκτοι Pol. 6, 37, 8, Lyd. u. s.
praefectūra.
praefiscine vgl. fascinum.
praefringō -egi -actum 3. s. frango.
praeguāns -antis.
Praeneste Πραίνεστον Dionys. Πραινεστός Pl. Πραινέστε Dio C.
Praenestīnī Πραινεστῖνοι.
praeripiō -ripui -reptum 3.
praescriptiō s. scriptiō.
praesēns -entis Πραίσης CIA III 1147, Πραί-

— 56 —

σεντι Πραίσεντα
CIG 3175, 3991.
praesentia.
praesideō -sēdī -sēssum
2. wie sedeō.
praestāns -antis.
praestantia.
praesultō l. v. prae-saliō.
praesūmptiō w. sūmō
sūmptum.
praetexō -texuī -textum
3. s. texō.
praetexta.
praetextātus Πραιτεξτᾶτος CIG 2594,
Diod. 12, 53, Lyd.
de mens. 4, 2, mag.
1, 40, Zos. 4, 3.
prāgmaticus πραγματικός von πρᾶγμα.
prandeō prandī prānsum 2.
prandium.
Prāxitelēs Πραξιτέλης
vgl. πρᾶξις.
prehendō -endī -ēnsum
und prēndō prēndi
prēnsum 3. ebs. comprehendō und comprēndō, dēprehendō
und dēprēndō.
prehēnsiō und prēnsiō.
premo pressi pressum 3.
für pressum weist
auch das Romanische auf c.
pressō 1.
pressus -ūs.
prēnsō 1.
prex precis.
prīmōrdium s. ōrdior.
princeps -ipis vgl. prīmus, auch nach dem
Romanischen ī.
prīncipālis.
prīncipātus -ūs.
prīncipium.
Prīsciānus von priscus,
Prīscian. Boissieu

S. 120, Πρεισκιανός
IRN 2927.
priscus Prīscus vgl. prae.
Prīsco Boissieu
Inser. de L. S. 278,
PrīscusCIL III 4914,
VI 1058, 5, 107 vgl.
II 4162 4295 III 3055
VI 3298, Boiss. S.
136, Πρεῖσκος CIA
III 479 9, 1128 86,
11381 9, 60, 11697 9,
Πρεισκεῖνος u. a.
prīstinus w. priscus prae.
pristis πρίστις.
Prīvernum Πρίβερνον
Πριβερνᾶται.
prīvīgnus vgl. Prīsc. 2,
63 S. 8211. prīvīgno
CIL VI 3541.
priusquam.
problēma πρόβλημα.
probrum vgl. Cat. 91, 4.
probrōsus.
procāx -ācis.
procella vgl. percellō.
prōcēssus -ūs von prōcēdō.
prōcīnctus v. prō-cingō.
Proclēs Προκλῆς.
prōclīno 1.
prōclīvis u. prōclīvus.
Proclus = Proculus Πρόκλος CIA III 93 u. s.
Procnē Πρόκνη.
prōcōnsul.
prōcōnsulāris.
prōcrāstinō 1. vgl. crāstinus.
prōcreō l. s. Pl. Mil. 652.
Procris Πρόκρις.
ProcrustesΠροκρούστης.
prōcumbō 3. v. prō-cubo.
prōdigentia.
profectiō w. profīcīscor.
profectō, e wie in praefectus.
professor wie profitēor.
profēstus wie festus.

prōficiō -ēci -ectum 3.
profīcīscor profectus
sum 3.
profectiō.
profitēor -fessus sum 2.
professiō.
prōflīgō 1. s. Pl. Mil. 230.
prōfluō 3. vgl. Pl. As. 796.
profundus wie fundus.
prōgnātus.
prōgredior -grēssus sum
3. s. gradior.
prōgressiō.
prōgrēssus -ūs.
prōicīō -iēcī -iectum 3.
prōiectiō.
prōlectō 1. wie prōliciō.
prōlixus v. prō-līquere?
vgl. Corssen Ausspr.
u. s. w. I² 503.
prōmiscuus wie mīsceō.
prōmō prōmpsī prōmptum 3.
prōmptus.
prōmuntūrium von prōmont-(mōns montis).
prōpēnsus.
Propertius umbr. Propartie.
prōpexus s. pectō.
propinquus it. propinquo
vgl. longinquus.
propinquitās.
propinquō 1.
Propontis Προποντίς.
prōportiō s. portiō.
proprius vgl. Hor. ep. 2,
2, 158.
proprietās.
propter Komparativbildung von prope.
proptereā.
prōpūgnāculum.
prōpūgnō 1.
prōripiō -ripuī -reptum 3.
prōrsus und prōrsum aus
prōvorsus s. prōsa
prōscaenium.
prōscrīptiō s. scrīptiō.

prōscriptūriō 4. ebenso.
Prōserpina wie von prō
 und serpō, alt Pro-
 sepnais.
prōsper aus prō spēre.
prōsperō 1.
prōspiciō -spexī -spec-
 tum 3.
prōspectō 1.
prōspectus -ūs.
prōspicientia.
prōstibulum v. prō-sta-.
prōstituō 3. von prō-
 statuō.
prōstō 1.
prōtector προτήκτορες
 Procop. h.a.24,προ-
 τηκτόρων Const. P.
 d. c. a. S. 397,7, 422 6,
 προτίκιωρ (ι = η)
 Inschr. d. Louvre
 (Fröhner 280).
protervus v. pro-torvus.
protervitās.
prōvectus von prō-veho.
prōverbium von prō und
 verbum.
prōvidentia.
prōvincia.
prōvinciālis.
proximus von proc- vgl.
 prope procul, πρώ-
 ξιμος Const. P. d. c.
 a. 3942, vielleicht
 nur weil die Silbe
 den Ton hatte, πρό-
 ξιμος Gloss.Basilic.
 und μελλοπρόξιμος
 byz. auch nach dem
 Romanischen o.
prūdēns -entis, Πρού-
 δηνς CIG 5754.
prūdentia.
psallō 3. ψάλλω (ψάλμα).
psaltērium, psaltria.
pūbertās v. pūber pūberis.
pūbēscō 3. von pūbēre.
Pūblicius und Pūblicola
 w. pūblicus Pūblius,

obgl. erst Popli-
 cola, gr. blieb Πο-
 πλικόλας, ebs. Πό-
 πλιος Ποπλιλία u.
 s. w. selten Ποβ-.
pūblicus pūblicŏr(um)
 CIL VI 1377, vgl.
 Plaut. Mil. 102,103,
 Capt. 331, 496, 805,
 817, 871 und oft.
pūblicānus.
pūblicātiō.
pūblicitus.
pūblicō.
Pūblilius wie Pūblius.
Pūblius wie pūblicus.
pudēns Πούδης NTest.
 Jos. Phlegon, Πού-
 δεντας Kaibel Syll.
 644.
pudibundus vgl. A. R.
 § 7 B 2.
puella von puera.
puellāris.
puerpera von puer-par-
 (pariō).
puerperium.
pugillāris von pugillus
 Deminutiv zu pug-
 (pūgnus).
pūgna.
pūgnāx -ācis.
pūgnō 1.
pūgnus.
pulcer pulcher vgl. Dio-
 medes S. 432, 16 K.
 Πόλχερ CIG 2423,
 CIA III 566.
pulcritūdō.
pūlex -icis.
pullus jung, vgl. Vel.
 Long. S. 80 K. auch
 u. d. Romanischen u.
pullulō 1.
pullus schwarz zu gr.
 πολιός u. palleō geh.
pullātus.
pulmentumumbr.pelmen.
pulmentārium.

pūlmō πλεύμων.
pulpa vgl. pulmentum.
pulpāmentum.
pulpitum πόλπιτον byz.
 puls gr. πόλτος it. polta,
 vgl. polenta.
pulsō 1. w. pellō pulsum.
pulsātiō.
pulsus -ūs von pellō.
pultō 1. = pulsō.
pulvīnus.
pulvīllus Πόλβιλλος
 Dionys.
pulvīnar, -ārium.
pulvis, mit pollen palea
 verwandt, auch n.
 dem Romanischen u.
pulvisculus.
pūmex -icis.
pungō pupugī pūnctum
 3. zu pungō vgl.
 pupugī und pugil,
 pūnctum nach A. R.
 § 6 A 3 und nach
 dem Romanischen.
pūnctim, pūnctum.
pūpillus von pūpulus,
 byz. πούπιλος.
pūpilla, pūpillāris.
puppis.
pūrgō 1. aus pūrigō von
 pūrus s. Plaut.Merc.
 738, vgl. Ritschl op.
 II 426 ff. auch nach
 dem Romanischen ū.
pūrgāmentum.
pūrgātiō.
purpura πορφύρα.
purpurātus.
purpureus.
pusillus vgl. A.R. § 7 B 1.
pūstula neben pūsula.
pūstulātus.
puter putris putre.
putrefaciō 3.
putreō 2.
putrēscō 3.
putridus.
pūtēscō 3. von pūtēre.

Pydna Πύδνα.
Pygmaei Πυγμαῖοι wie
d. f. W.
Pygmalion-ōnis Πυγμαλίων -ωνος viell. ȳ,
altl. poumiliones.
Pyrgi Πύργοι.
Pyrrha Πύρρα w. Πύρρος.
pyrrhicha auch πυρίχη.
pyrrhicbius.
Pyrrhus Πύρρος.
pyxis wie πύξος buxus.

Q.
quadra κόδρα gl. Cyrill.
quadrāgintā vgl. τετταράκοντα.
quadrāgēnī.
quadrāgēsimus.
quadrāgiēs.
quadrangulus wie
quadri- vergl. quadra
quadro.
quadrīduum.
quadriennium vergl. annus.
quadripartītus vergl. partior.
quadrīga vgl. Verg. Aen. 6, 535; 8, 642.
quadrīgārius.
quadrīgātus.
quadrīmus wie quadrīga.
quadringentī vgl. Plaut. Bacch. 974, 1183, Rud. 1324 und τετρακόσιοι.
quadringentiēs u. s. w.
quadro 1. vgl. gr. κοδράντης u. Κοδρᾶτος CIA III 1122 69, 1138 62, 1186 80, 1300 9 (daneben Κουαδρᾶτος ebd. 118, Jos. u. s.).
quadrantārius.
quadrupēs -edis s. Verg. Aen.7, 500; 10,892.
quadrupedāns -antis.

quadruplus vgl. quadrus und duplus.
quadrus s. quadra.
quāliscunque.
quamdiū.
quamquam u. quan-quam.
quamvīs.
quandō vou quam.
quandōcunque.
quandoquidem aus quandō quidem.
quantus von quam.
quantillus.
quantopere u. s. w.
quārtus aus quadr-tus,
quártus CIL III 4959, Quártae V 6091, 7430, Quartillae II 4359.
quārtānus.
quārtārius.
quasillus s. A. R. § 7 B 1.
quassō 1. von quassum s.
quatiō.
quassātiō.
quaternī von quater.
quaternārius.
quatiō quassum 3.
quattuor wie quater, τέτταρες.
quattuorvirī u. s. w.
quercus.
quercētum vgl. Κοροτουλανοί Dionys. 5, 61.
quernus aus querc-nus.
queror questus sum 3.
questus -ūs.
quicunque.
quiēscō quiēvī quiētum 3. n. Gellius 7, 15 II.
quiescō, aber diese Aussprache ist neben quiēvī, quiētum schwer glaublich. Vgl. A. R. § 6 D.
quinctilis von quinctus.
Quinctilius Quinctilio CIL III 384, 4790.

quincūnx vgl. quinque und ūncia.
quindecim wie quinque,
franz. quinze.
quindecimvir.
quingenti vgl. quinque u. für e πεντακόσιοι.
quingēnī.
quingentiēs.
quinquātrūs -uum von quinquāre vgl. quinque u. Pl. Mil. 691.
quinque quinque CIL VI 3539, it. cinque, sp. cinco, fr. cinq, vgl.
quincentum bei Festus und quintus.
quinquāgintā.
quinquennium.
quinquiēs.
quinquō 1. u. s. w.
quintus Quinctus Quinctius von quinque,
quintum Mon. Anc. (CIL III S. 778, 1), vgl. CIL III, 2904 f.
5453 und VI 1383,
Quinctia III 4520,
Quintianus VI 1058,
1, 155, Κόειντος CIG 2003.
quintāna.
Quintiliānus.
quippe von qui (Abl.) vgl. quin.
quispiam quidpiam quisquam quisquis u. s.
w. s. A. R. § 5 6.
quisque wie quis.
quisquiliae Reduplikat.
vgl. κοσκυλμάτια.
quondam von quom.
quōrsus aus quō-vorsus.
quotannis s. annus.
quousque bess. quō ūsque.

R.
rādīx -īcis.
rāmentum aus rād-men-

tum vgl. A. R. § 7 B 2.
rāmex -icis.
Ramnēs vgl. Remus.
Ramnēnsēs 'Ραμνήνσης Plut. Rom. 20.
rancidus.
rānunculus A. R. § 7 B 5.
rapāx -ācis.
rapiō rapuī raptum 3. raptim.
raptō oder rapsō 1.
raptor, raptus -ūs.
rārēscō 3. von rārus vgl. A. R. § 6 D.
rāstrum (rāster) aus rādtrum (rādō).
ratiuncula von ratiō vgl. A. R. § 7 B 5.
Ravenna 'Ράβεννα oder 'Ραούεννα 'Ραβεννησία.
reāpse von rēs und ipse, āpse alter Abl. fem. wie eāpse.
rebellis s. bellum, ῥεμπέλος D. C.
rebelliō.
rebellō 1.
recalēscō 3. v. re-calēre.
recēns -entis, ῥεκέντατον Alex. Trall. 10 p. 587 Steph.
recēnseō 2.
recēnsiō.
recēnsus -ūs.
receptāculum v. recipiō.
recēssus -ūs wie cēdō cēssum.
recipiō -cēpī -ceptum 3.
receptor.
receptō 1.
reciprocus vgl. Ennius bei Nonius S. 165.
reclāmō 1. wie d. f. W.
reclūdō 3. vgl. Verg. Aen. 1, 358. 3, 92.
recōgnitiō.
recōgnōscō 3.

recommentor 1. w. commentor (κομενταρήσιοι).
reconditus s. condō.
recordor 1. wie cor cordis.
recreō 1. vgl. Pl. Men. 99.
recrēscō 3.
recrūdēscō 3. von crūdus abgeleitet vgl. A. R. § 6 D.
rēctē rēctor rēctus s. rego.
recumbō 3. wie cubo.
recutiō -cussī -cussum 3.
redarguō 3.
reddō 3. w. redeō redigō u. s. w.
redigō -ēgī -āctum 3. wie ago, redácta CIL VI 701, 702.
redimō -ēmī -emptum 3. 'Ρεδῆνπτα CIG 9811 S.565 vgl. emo.
redemptiō.
redemptor.
redintegrō 1. v. integer.
redundō 1. wie unda.
redux -ucis.
referciō -fersī -fertum 4. wie farciō.
referendus wovon ῥεφερενδάριος.
rēfert == rēs fert.
refervēscō 3. von re-fervēre.
reficiō -fēcī -fectum 3.
refrīgēscō 3. von re-frīgēre.
refringō -ēgī -āctum 3. wie frangō.
regesta von re-gero, ῥέγεστα Lyd. de mag. 2, 30; 3, 20.
rēgillus Rēgillum 'Ρήγιλλον λίμνη 'Ρηγίλλη Deminutivbildung v. rēgula Rēgulus.

rēgnum rēgno und rēgni Boissieu Inscr. de L. S. 136, vgl. Prisc. 2, 63 S. 82 H.
rēgnō 1.
rēgnātor, rēgnātrīx.
rego rēxī rēctum 3. rēxit CIL V 878.
rēctē.
rēctor réctorem Wilmanns Ex. inscr.104.
rēctus 'Ρῆκτος Dio C. 57, 10, CIG III S. 310 b.
regredior -grēssus sum 3. von re-gradior.
rēiciō -iēcī -iectum 3.
rēiectiō.
relinquō -līquī -lictum 3. wie reliquus.
relūcēscō 3. v. re-lūcēre.
remānsiō.
rūmex -igis.
reminiscor 3. vgl. comminiscor.
remissiō s. mīssiō.
Remmius = Rammius?
remulcum v. ῥυμουλκέω.
renīdēscō 3. von renīdēre.
repandus wie pandus.
repēns -entis.
repentīnus 'Ρεπεντῖνος CIG 286 23, CIA III 1161 24.
reperiō repperī repertum 4.
repertor.
repleō 2. Verg. Cat. 5, 29.
rēpō rēpsī rēptum 3.
rēptō 1.
repraesentō 1. vgl. praesēns -entis.
reprimō -essī -essum 3.
repuerāscō 3. wie inveterāscō.
repūgnō 1.
repūgnantia.
repulsa von re-pellō.
resecrō 1. vergl. sacro.

resex -icis.
resideō -sēdi -sessum 2.
 s. sedeō.
residō 3. ebenso.
resiliō -siluī -sultum 4.
resultō 1.
resipīscō 3. von re-sa-
 piō vgl. sapīvī.
resistō restitī 3. s. sistō.
respectus -ūs s. respiciō.
respergō -ērsī -ērsum 3.
 von re-spargō.
respiciō -exī -ectum 3.
respectō 1.
respondeō -ondī -ōn-
 sum 2.
respōnsiō.
respōnsō 1.
respōnsor.
rēspūblica bess. rēs p.
restis.
restiō ʹΡεστίων App.
 b. c. 4, 43.
restituō 3. ʹΡεστιοῦτος
 CIA III 817 ʹΡεστού-
 της Dositheus p. 12
 Böcking.
retineō -tinuī -tentum 2.
retentiō, retento 1.
retrō Verg. Aen. 5, 428.
retrōrsum.
revalēscō 3. v. re-valēre.
revertor reverti 3. wie
 vertō.
reversiō.
revīvīscō 3. vgl. vivescō
 und A. R. § 6 D.
rēx rēgis vgl. Prisc. 2,
 13 S. 53 H. ῥήξ CIG
 8727, 8736 u. sonst.
Rhadamanthus ʹΡαδά-
 μανθυς, bei Plaut.
 Acc. -antem.
Rhamnūs -ūntis ʹΡαμ-
 νοῦς -οῦντος wie
 ῥάμνος.
rhapsōdia ῥαψῳδία wie
 hom. ῥάψε.
rhombus ῥόμβος.

rhythmus ῥυθμός.
rīctus s. ringor.
rigēscō 3. von rigēre.
ringor rīctus sum 3. vgl.
 A. R. § 6 A 3.
rīctus -ūs.
rīpēnsis ῥειπήσιος Ed.
 Diocl.
rīxa aus rīcta von rig-
 (ringor).
rīxor 1.
rōbustus wie venustus.
rōscidus von rōs rōris.
Rōscius Róscio CIL VI
 2060, 5, ʹΡώσκιος Pl.
 Cic. 3, 5, Pomp. 15.
rōstrum v. rōd-trum (rō-
 dō), ῥῶστρον Hes.
rōstra.
rōstrātus, ῥωστράτας
 Paian. Eutr. 2, 20.
rotundus s. A. R. § 7 B 2.
rotunditās, rotondō 1.
Rōxanē ʹΡωξάνη.
ruber rubra rubrum.
rubēscō 3. von rubēre.
rubicundus A. R. § 7 B 2.
rubrīca obgl. ū schon Pl.
 Truc. 2, 2, 39.
Rubrius ʹΡόβριος CIA III
 1276.
rūctō u. rūctor 1. v. rug-
 vgl. rugere erugere
 Fest. gr. ἐρεύγω, ū
 nach A. R. § 6 A 3.
rūctus -ūs.
rudēns -entis.
rudimentum vgl. A. R.
 § 7 B 2.
rumex -icis.
rumpō rūpī ruptum 3.
 vgl. rupex legirupa
 Plaut. Pseud. 364,
 975 und ital. rompo
 ruppi rotto, rupta
 (via) it. rotta, sp.
 portg. prov. rota.
ruptor.
runcina gr. ῥυκάνη.

rūrsus aus re-vorsus.
rūscus aus rubscus vgl.
 rubus.
Rusellae Rosello, ʹΡου-
 σέλλαι Ptol. ʹΡουσι-
 λανοί Dionys. 3, 51.
russātus von russus das
 etym. (aus rut-tus
 vgl. rutilus) u. n. d.
 Romanischen u hat,
 byz. ῥούσιον russe-
 um (Circuspartei)
 z. B. Auth. Plan.
 386 f. rusus auch b.
 Gell. 2, 26, 6.
rūsticus von rūs.
rūsticānus.
rūsticitās.
rūsticor 1.
rutrum vgl. Pompon. bei
 Nonius S. 18.

S.

Sabellī Σάβελλοι u. so
 Σαβέλλιος Σαβελ-
 λικός.
saburra wie sabulum.
saccus Dem. auch saculus
 (Auth.L.563Meyer).
sacellum von sac(e)rum.
sacer sacra sacrum.
sacerdōs Σακέρδως
 Dosith. (VII p. 393
 Keil) Dio C. 59, 22
 u. Inschr. nach dem
 Etym. M. v. ἔρδειν.
sacro 1.
sacrāmentum.
sacrārium.
sacrificō 1.
sacrilegus u. s. w.
sagax -ācis.
sagitta vgl. Pl. Trin. 242.
sagittārius.
sagittō 1.
sagmen s. A. R. § 1.
Sagra, wahrscheinlich a
 (gr. Komiker).
Saguntus Ζάκυνθος Ζά-
 γουντος.

salāx -ācis.
salebra Hor. ep. 1, 17, 53.
salebrōsus.
Sällontīnī, Sālentīnī Σαλεντινοί.
Salernum Σάλερνον.
salictum s. salix.
salīgneus und salīgnus.
saliō saluī saltum 4.
saltus -ūs Sprung und Trift.
salix -icis.
salictum.
sallō (salliō) sallī salsum 3. wie saliō salzen.
Sāllustius Sālustius Σαλούστιος.
Salmacis Σαλμακίς wie Salmōneus Σαλμωνεύς vgl. ἅλς.
salsus s. sallō.
salsāmentum.
saltem von sal- (salūs).
saltō 1. v. saliō saltum.
saltātiō.
saltātor, saltātrīx.
saltus -ūs s. saliō.
salūber -ūbris -ūbre.
salūbritās.
salvus vgl. salūs.
salveō 2. Salvius.
sambūcus neben sabūcus (die 1. S. kurz b. Ser. Sammon. 47, 97).
Samnīs -ītis wie Sabīnus.
Samnium.
Samothrācē vgl. Verg. Aen. 7, 208.
Samothrāx -ācis.
sanciō sanxī sancītum u. sanctum 4. v. W.
sac (sacer),Σάγκτος Euseb. hist. eccl. 5, 1, aber sáucta CIL V 2681, suctissime 6580, osk. saahtom.
sanctus, sanctitās.
sanctuārium.
Sancus Σάγκος.

sandyx -ycis.
sanguīs (sanguen).
sanguineus.
sanguinolentus.
sanna und sanniō gr. σάννας, vgl. σαίνω.
sūperda σαπέρδης.
sapiēns -entis σαπίηνς Plut. Tib. Gr. 8.
sapientia.
sarcina wie sarciō.
sarciō sarsī sartum 4. v. W. sar sal (salūs).
sarcophagus wie σάρκες.
sarculum wie sariō.
Sardanapāllus u. -pālus Σαρδανάπαλος.
Sardinia Σαρδώ.
Sardēs Σάρδεις.
sardonyx -ychis σαρδόνυξ.
Sārmatae Σαρμάται mit Sauromatae gleichgesetzt.
Sārmatia, Sārmaticus.
sarmentum zu sarpō (vgl. sirpus) gehörig, Sarmentus Σάρμεντος Plut. Ant. 50.
Sarpēdōn Gen. -onis u. -ōntis n. Serv.z.Aen. 1, 100, Σαρπηδών.
sarrācum dann serrācum σαράγαρον.
Sārsina Sāssina, Sássinas Inschr. bei Bormann (Festschr. u. s. w.) nr. 62.
satelles vgl. Pl.Trin.833.
satrapa vgl. Ter. Haut. 3, 1, 43.
satrapēa σατραπεία.
Sāturnus.
Sāturnālia.
Sāturnius Σατορνία CIG 2016 d, Dionys. 1, 18, 20.
Sāturninus Σατορνῖνος Plut. CIG 1079,

6286, add. 1997 c, CIA III 627, Σατυρνῖνος 2043 u. sonst.
Saxonēs.
saxum von W. sac (seco).
saxātilis.
saxeus.
saxifragus, σαρξίφαγος Alex. Tr.
scabellum vgl. scamnum und A. R. § 7 B 1.
scaber scabra scabrum.
Scaldis Schelde.
scalpō scalpsī scalptum 3. vgl. d. Vokalw.
v. a zu u in sculpō.
scalpellum.
scalprum.
scalptor.
Scamander Σκάμανδρος.
scamnum wie scabellum.
scandō scandī scānsum 3.
Scantius.
Scantīnius, auch Scātinius geschrieben.
Scaptēnsula gr. Σκαπτή ὕλη.
scatebra Verg. g. 1, 110.
scelestus wie modestus.
sceptici σκεπτικοί.
scēptrum σκῆπτρον.
scientia vgl. A. R. § 7 B 2.
scindō scidī scissum 3. vgl. discidium und A. R. § 6 A 3. Vielleicht weist auch das Fehlen von abscissum und excissum und deren Vertretung durch abscīsum und excīsum auf i in scissum u. seinen Kompositis.
scintilla.
scintillō 1.
sciscō v. scīre [desc]scentem Mon. Anc. (CIL III S. 782, 28).

sciscitor 1.
scomber σκόμβρος.
scorpiō σκορπίων.
scortum zwar = scrautum scrōtum, vgl.
Varro d. l. l. 7, 5,
96 u. Fest. p. 333,
aber wie por-prō-,
certus crētus.
scorteus.
scortor 1.
scriblīta σκριβλίτης Ath.
647 c, vgl. Afran.
161 Ribb.
scrībō scrīpsī scrīptum
3. scrīptum CIL VI
2011, vgl. 222, 2041,
56, conscreiptum l
206, 87, 109, descrīptum Mon. Anc.
(CIL III S. 863, 26),
umbr. screihtor =
scriptī.
scrīptiō.
scrīptitō 1.
scrīptor.
scrīptūra, -rārius.
sculpō sculpsī sculptum
3. s. scalpō.
sculpōneae.
sculptilis, sculptor,
sculptūra.
scurra wohl Ablg. v. sec-
(sequor) w. sculua.
scurrīlis, scurrīlitās.
scurror 1.
scutra s. Caecil. 68 Ribb.
scutella σκούτελλον
gloss. Cyr.
Scylla Σκύλλα.
sēcernō -crēvī -crētum
3. s. cernō.
sēcrētum ἀσηκρῆτις.
sēcussiō w. cēdō cēssum.
succēssus -ūs ebenso.
sēclūdō 3. von sē-claudō.
seco secuī sectum 1.
sectilis.
sectiō, sector.

secta vou sec- (sequor)
vgl. d. Frgm. de acc.
e cod. Bob. S. 142.
Endl. ebs. nach d.
Romanischen c.
sector 1. wie secta.
sectātor.
secundus = sequendus,
Σέκονδος CIG 5341,
5600, 5942, Σακόνδα CIA III 1568,
auch n. d. Roman. u.
secundum.
secundō 1.
secundārius.
sedentārius vgl. sedēns
-entis u. Pl. Aul. 3,
5, 39.
sedeō sēdī sēssum 2. s.
A. R. § 6 A 3.
sessilis.
sessiō, obgleich σεσσιῶνες Ed. Diocl.
sessitō 1.
sessor Plut. Galba 28
ist σησσώριον zu
schreiben nach d.
hs. σησιέρτιον.
Segesta Σεγέστη.
segestre σέγεστρον Ed.
Diocl.
segmen, segmentum σηγμέντα u. σημέντα
Lyd. de mag. 2, 4 u.
13, χρυσοσήμεντα
Const. P. de c. a. S.
341, 5.
segmentātus.
sēgnis, sēgnis hercul. Papyrus (Bährens poet.
l. min. I. p. 213).
sēgnitia.
sēgregō 1.
sēligō -lēgī -lēctum 3.
s. lego.
Selīnūs -ūntis Σελινοῦς
-οῦντος.
sēlla von W. sed wie
scāla von W. scand

vgl. grāllae, später
freilich e σέλλα σελλάριος Lyd. de mag.
1, 32, 37, Suid. in
ἀφ' ἱδρῶν u. κέλης
sellisternium vergl.
sternō.
sellula, sellulārius.
sēmentis vou sēmen.
sēmentīvus σημαντίβαι Lyd. de mens.
3, 6, vgl. 4, 93.
sēmēstris aus sē (sex)-
mēnstris.
sēmiermis vgl. arma.
sēmissis vgl. as assis
centussis.
semper σέμπερ, span.
siempre, mit semel
simul nächstverw.
sempiternus.
Semprōnius Σεμπρώνιος Σενπρώνιος.
sēmūncia vgl. ūncia.
sēmūnciārius.
sēmūstus von sēm-ūrō.
senātūs cōnsultum.
senectus alt wie senex.
senectūs -ūtis Alter vgl.
Plaut. Trin. 398.
senēscō 3. von senēre.
senex s. Plaut. Most. 952.
sēnsim.
sēnsus -ūs.
sententia wie sentiō.
sententiōsus.
sentīna.
Sentinum Σεντίνον Str.
Σεντινᾶται Polyb.
sentiō sēnsī sēnsum 4.
sentiō n. d. Roman.
sentīscō 3.
sentis Dornstrauch.
sentus dornig.
Sentius Σέντιος.
seorsum aus sē-vorsum
vgl. vertō.
sepeliō sepelīvī sepultum 4.

sēps hess. saeps saepis.
septem gr. ἑπτά, auch nach d. Roman. e, vgl. septumus Pl. Pseud. 597 in Anapästen, Σεπτέμπεδα Str. Ptol. Σεπτομόντιον Plut.
septemvir σεπτεμουίρουμ CIG 3548.
septennis.
septentriō.
septimus Σέπτουμος CIG 1925.
septingenti ἑπτακόσιοι.
septuāgintā ἑβδομήκοντα.
September Σεπτέμβριος Dionys. Plut. Lyd.
Septimius Σεπτίμιος Dio C. CIA III 10.
septūnx-ūncis wie ūncia.
sepulcrum wie sepultum s. sepeliō.
sepultūra wie d. v. W.
sequāx -ācis.
sequester A. R. § 7 B 4.
Sergius vgl. Diomed. S. 432 K. Σέργιος Σεργία z. B. CIG 3786.
sermō w. sero disertus.
sermōcinor 1.
sero seruī sertum 3.
serpēns -entis vou serpō, span. sierpe.
serpō serpsī 3. gr. ἕρπω. vgl. serpēns.
serpyllum ἕρπυλλον.
serra span. sierra.
serrātus.
Serrānus alt Sar-Σερρανός Plut. 'ἀπὸ τοῦ σπείρειν' Lydus.
Sertōrius Σερτώριος Pl. CIA III 1202 70, 77.
sertum Kranz wie sero.
Servīlius Σερουίλιος Σερβίλιος.

serviō 4. wie servus.
Servius Σερούιος Σέρβιος.
servō 1. wie serviō servus, Σερβάτου CIG 3378.
servābilis.
servātor.
servus σέρβος Lyd. de mag. 1, 11, wie Servius vgl. Charis. 11, ebs. n. d. Roman. e.
servitium.
servitūdō.
servitūs -ūtis.
sēscentī v. sexcenti vgl. Sēstius u. centum.
sēscūncia (alt sesconcia) aus sēsqui u. ūncia.
sēscuplus sēscuplex -icis v. sēsqui, vgl. duplus, σήσκουπλα Didymos bei Prisc. de fig. num. 18.
Sesōstris Σέσωστρις.
sēsqui aus sēmisqui σήσκουας (1½ As) Did.
sēstertius von sēmis u. tertius, σηστέρτιουμ Didymos.
Sestīnum Σέστιον St. B.
Sēstius aus Sextius, Σήστιος Cic. ad Att. 7, 17, 2, Plut. Cic. 26, Brut. 4, Ptol. 2, 6, 3, CIA III 1450.
Sēstos Sēstiī Σηστός Σήστιοι.
sex gr. ἕξ vgl. sextus, auch n. d. Rom. e.
sexāgintā ἑξήκοντα.
sexennium vgl. annus.
sextus Sextus von sex, gr. Σέξτος Σέξστος Σέκστος u. Ἕξστος Inschr. u. Hss. z. B. CIA III 93,592, 603, 1005, 1035, Galen XIV S. 651.

sextāns -antis.
sextārius ξέστης.
Sextīlis Σεξτίλιος Plut. App.
Sextius Sextilius Σέξτιος Σεξτίλιος.
sextula.
sexus -ūs von sec- (seco resex).
Sibylla Σίβυλλα.
Siccius Σέκκιος Kaibel add. 772 a, vergl. Sicinius.
siccus, nach dem Rom. i.
siccitās.
siccō 1.
Sigambrī, Sugambrī.
sigillum Deminutiv von sig- (sīguum).
Signia Seig- CIL I 11.
Sīgnīnī.
signum sIgna Boissieu Inscr. de L. S. 606.
sīgnifer.
sīgnificō 1.
sīgnō 1. u. s. w.
silentium σιλέντιον Lyd. de mens. 1, 26, de mag. 2, 17 u. a.
silentiārius σιλεντιάριος.
silēscō 3. von silēre.
silex -icis.
silicernium, die Alten hörten darin cernō.
silva vgl. silua Hor. c. 1, 23, 4, ep. 13, 2.
Silvānus.
silvēscō 3.
silvester.
Silvius.
silvōsus u. a.
simplus wie semel simul.
simplex -icis.
simplicitās.
simpulum umbr. sepl-.
simulācrum von simulāre gleichen.
simultās von simul.

sincērus, sin- wohl zu semel similis geh.
sinciput aus sin (sēmi)-caput.
singultus -ūs w.singulus.
singultim.
singultō 1.
singulus, span. sendos, portug. senhos (altp. selhos), wic semel.
singillātim auch sigillātim vgl. Fleckeisen 50 Art. S. 29.
singulāris.
singulāritās.
sinister Komparativ zu sinis (sinus).
sinistrōrsus aus sinistrōvorsus vgl. quōrsus.
Sinuessa Σινόεσσα Str. Σινοεσσανοί Polyb.
Sīpontum neben Sipūs gr. Σιποῦς -οῦντος.
sirpus mit sirpe sarpere verwandt?
sirpeus.
sirpiculus, Pl. Capt. 816 surpiculus.
Sisenna Σισέννας Σισέννας.
sistō stitī statum 3.
sistrum σεῖστρον.
sitella von situla.
smaragdus vgl. Mart. 5, 11, 1.
Smyrna Σμύρνα.
sobrīnus wie soror.
sōbrius aus sve-ēbrius, vgl. Plaut. Mil. 812.
succus σύχχος, συχχάς (JacobsA.G. 8, 160).
sōcors -ordis wie cor cordis.
sōcordia.
Sōcratēs Σωκράτης.
socrus wie socer vgl. Ter. Hec. 4, 4, 83.
Sogdiāna Σογδιανή.
soldus = solidus.

sollemnis vgl. sollers, σολέμνιον Novellae, Suidas.
sollemnitās.
sollers -ertis aus sollars, vgl. Diom. S. 431, 21; 432, 13 K.
sollertia.
sollicitus wie sollers.
sollicitō 1.
sollistimus Sup. v. soll- s. sollers u. magister.
sōlstitium wie sōl.
sōlstitiālis.
solvō solvī solūtum 3.
Solūs -ūntis Σολοῦς -οῦντος.
somnus span. sueño, für sop-nus vgl. sopor.
somnium.
somniō 1.
somnulentus.
sōns sontis vgl. Schmitz Beitr. S. 10.
sonticus.
Sophoclēs Σοφοκλῆς.
Sōphrōn -onis Σώφρων -ονος.
Sōracte vgl. Sōra.
sorbeō sorbuī 2. vgl. ῥοφέω.
sorbilō 1. nicht sorbillō.
sorbus.
sorbum sp. serba aus suerba vergl. Diez Wörterb. I S. 178.
sordēs.
sordeō 2.
sordēscō 3.
sordidātus.
sordidus σόρδιδον Hesychius.
sōrex -icis.
Sōrnātius Σωρνάτιος Plut. Luc. 17 ff.
sors sortis span. suerte.
sortior 4.
sortītiō.

sortītus -ūs.
sōspes -itis Seispitei CIL I 1110, vgl. gr. σῶς,Σῶσπις CIA III 1161 20, 1193 19, Pl. Qu. symp. 9, 5 u. 13.
sōspita.
sōspitō 1.
spādīx -īcis.
spargō spārsī spārsum 3. vgl. spurius σπορά, ū nach A.R. § 6 A 3.
Sparta, Spartānus.
Spartacus = Σπόρδοκος (Herodian I S. 150, 22 Lentz).
spectō 1. wie speciō.
spectābilis σπεκταβίλιος byz.
spectāculum.
spectātus.
spectrum wie spectō speciō.
speculātrīx -īcis wie speculātum.
spēlunca σπῆλυγξ.
Spercheūs Σπερχειός.
Sperchēis.
spernō sprēvī sprētum 3. s. certus crētus.
Sphīnx, Sphīnga gr. auch Φίκα.
spīnter von σφιγκτήρ (e als Neutr. w. iter).
Spinthēr σπινθήρ.
spinturnīx -īcis = σπινθαρίς (Festus).
spīrāmentum s. A. R. § 7 B 2.
spissus ital. spesso, span. espeso.
spissō 1.
splendeō 2.
splendēscō 3.
splendidus.
splendor.
sponda.
spondeō spopondī spōnsum 2. vgl. σπονδαί.

spōnsa.
spōnsālia.
spōnsiō u. s. w.
spondēus σπονδεῖος.
spongia σπογγιά.
sponte wie monte v. mōns.
sportula v. sporta span.
espuerta, σπόρτουλα schol. Aristoph.
Nub. 1136 Hesych.
Lyd. de mag. 3, 59.
sportella.
spūmēscō 3. von spūma
vgl. A. R. § 6 D.
spurcus.
Spurinna von spur- (spurius).
squilla σκίλλα.
stāgnō 1.
stāgnum Teich vergl. Prisc. 2, 63 S. 82 H.
stāgnōsus.
stānnum neben stāguum Zink.
Statiellī Ἄκουαι Στατιέλλαι Str. 5, 217.
stella vgl. gr. ἀστέρες, aber franz. étoile.
stellō 1.
Stellātīna tribus Στηλατ- Eph. epigr. IV p. 221 u. Joseph. Στελ- CIG 6010.
stēlliō besser stēliō.
stemma στέμμα.
Stentor Στέντωρ.
stercus.
stercorō 1.
Sterculius Στερκόριος CIG 9553.
sternō strāvī strātum 3. vgl. storea στορέννυμι.
sternāx -ācis.
sternuō 3. gr. πτάρνυμι.
sternūtāmentum.
stertō 3.
Stertinius Στερτίνιος CIG 2003, Pl. Diod.
Marx, Hulfsbuchlein.

stīlla von stīr-(stīria), it. stilla.
stīlicidium nicht stīll-.
stīllō 1.
stīpendium στιπένδιον gl. Bas. s. pendō.
stīpendiārius.
stips stipis.
stirps stirpis.
stirpitus.
strāmentum wie strāmen.
strangulō 1. vgl. stringō und στρογγύλλω.
strēnua und strēna στρῆνα Athen. 3, 97, Lyd. de mens. 4, 4.
stringō strīnxī strīctum 3. vgl. striga strigilis strigōsus; ī nach A. R. § 6 A 3.
strīctim.
strīctus.
strix strigis.
struo strūxī strūctum 3. vgl. Gellius N. A. 12, 3 (oben S. 6); die rom. Sprachen weisen auf strūgō für struo hin.
strūctor.
strūctūra.
stultus wie stolidus, auch nach dem Romanischen u.
stultitia.
stupēscō 3. von stupēre.
stūppa u. seltener stūpa.
stuprum Hor. c. 4, 5, 21.
stupro 1.
sturnus.
Stymphālus Στύμφαλος.
Styx Stygis.
subdiālis.
subditus v. sub-dō.
subigō -ēgī -āctum 3. s. ago.
subiciō -iēcī -iectum 3.
subiectiō.

subiectō 1.
subiectus.
subinde wie inde.
sublica von sub-lic- vgl. licinus.
sublicius.
subligar wie sub-ligo.
sublīmis wie sub-līmen.
sublīmitās.
sublūstris wie inlūstris.
subscūs -ūdis auch sūscūs v. subs-cūd-(cūdō).
subsecīvus vgl. sub-seco.
subsēllium wie sēlla, byz. σουβσέλλιον.
subsērīcus σουψηρικόν συψιρικόν Ed. D.
subsidium von sub-sed- (sedeō).
subsīdō -sēdī -sēssum 3. vgl. sedeō.
subsiliō -siluī -sultum 4.
substrāmen.
substrūctiō vgl. struo strūctum.
subsultō 1. wie sub-saliō.
subtēgmen u. subtēmen.
subter Komp. zu sub-.
subterrāneus s. terra.
subtīlis vgl. texō tēla.
subtīlitās.
subtus von sub.
subvectō 1. w. veho vectum.
succ- in Zusammensetzungen aus subc-.
succēdō succīdō succrēsco 3. u. s. w.
succendō -cendī -cēnsum 3. w. incendō.
succēnseō 2.
successor u. successus -ūs wie cēdō cēssum, freil. Σουκεσσιανός Zosim. 1, 32.
succīdia wie suc-cīdō (caedō).
succīduus wie suc-cido (cado).

— 66 —

succinō -cinuī -centum 3.
succumbō 3. v. suc-cubō.
succutiō -cussī -cussum 3. von sub u. quatiō.
suēscō suēvī suētum 3.
Suessa Suessula Σύεσσα Σουέσσουλα.
Suessiōnēs Σουεσσιῶνες.
suff- in Zusammensetzungen aus subf-.
sufficiō -fēcī -fectum 3.
suffiō 4.
suffrāgium zu frangō wie contāgiō zu tangō.
suffrāgor 1. vgl. d. v. W.
suffringō -ēgī -āctum 3. wie frangō.
suggerō 3. v. sub u. gero.
suggestus -ūs u. suggestiō ͺbyz. συγγέστιον.
suggillō 1.
suggredior -grēssus sum 3. von sub-gradior.
sūgō sūxī sūctum 3.
Suillius Σουέλλιοι Plut. Qu. Rom. 41.
suillus von suīuus.
sulcus ὁλκός.
sulcō 1.
Sulla gr. Σύλλας.
Sulmō vgl. Ov. fasti 4, 79 f.
Sulpicius Σολφίκιος CIG 2416, Σολπικιανός 2590.
sulpur wie Sulpicius?
sulpureus.
sulpurō 1.
Summānus v. sub-mānus.
summus Superl. zu super.
summās.
summātim.
sūmō sūmpsī sūmptum 3.
sūmptiō.
sūmptuōsus.
sūmptus -ūs.
supellēx -ēctilis von

super-leg-(lego), m. verkürzter 2. Silbe Pl. Stich. 62, Poen. 5, 3, 26, -lēx -lēctilis w. lēctum v. lego.
superbus Σούπερβος Plut. Lyd.
superbia.
superbiō 4.
supercilium vgl. concilium.
superficiēs von superfaciēs.
superfluus.
supernus wie superus.
supernās.
superstes -itis von super-sta-.
superstitiō w. superstes.
superstitiōsus.
supervacāneus.
supp- in Zusammensetzungen aus subp-.
sūpparum daneben auch sūparum und sīparum, σίγαρον auf ephes. Inschr.
suppeditō 1. von sub u. ped- (pedes).
supplēmentum von supple- (pleo).
supplex -icis von supplic-.
supplicātiō.
supplicium.
supplicō 1.
supprimō -essī -essum 3.
suprā Hor. c. 3, 19, 15.
suprēmus vgl. Verg. georg. 4, 460.
sūrculus von sūrus nach Festus.
surdus, nach dem Romanischen u.
surdaster vergl. oleaster.
surditās.
sūrgō surrēxī surrēc-

tum 3. aus su(b)-r(e)go.
Surrentum Σύρρεντον Strabo, jetzt Sorrento.
Surrentīnī Συρρεντῖνοι.
surripiō -ripuī -reptum 3.
sūrsum auch sūsum aus sub-vorsum.
sū-, sūs- in Zusammensetzungen aus subs- vgl. A. R. § 6 C 2 b.
sūscipiō -cēpī -ceptum 3. aus su(b)s-capiō.
sūsceptiō.
sūsceptō 1.
sūscitō 1. aus subs-cito.
sūspendō -pendī -pēnsum 3.
sūspendium.
sūspēnsus.
sūspiciō -exī -ectum 3. aus su(b)-speciō.
sūspectō 1.
sūspectus.
sūspicāx- ācis.
sūspicor 1.
sūspiciō w. sūspiciō 3.
sūspiciōsus.
sūspīrō 1. aus su(b)-spīrō.
sūspīrium.
sūsque dēque aus su(b)sque.
sūstineō -tinuī -tentum 2. aus su(b)s-teneō.
sūstentāculum.
sūstentātiō.
sūstentō 1.
susurrus Reduplikation.
susurrātiō.
susurrō 1.
sūtrīna wie sūtor.
Sūtrium, jetzt Sutri vgl. Plaut. Cas. 3, 2, 10.
syllaba συλλαβή.
syllēpsis σύλληψις.

Symplēgades Συμπληγάδες.
symposium συμπόσιον.
synthesis σύνθεσις.
Syphāx -ācis.
Syrtis Σύρτις.

T.

tabella von tabula vgl. Diomed. S. 431, 3, 432, 27 K.
tabellārius ταβελλίων Suidas.
taberna ταβέρνα Apostelgesch. 28, 15 u. oft.
tabernāculum vergl. Plaut. Trin. 726.
tabernārius ταβερναρία Lyd. de mag. 1, 40.
tābēscō 3. von tābēre.
tablīnum wie tabula.
Taburnus jetzt Taburno.
taciturnus vgl. A. R. § 7 B 3.
taciturnitās.
tāctus -ūs s. tangō.
Talāsiō, nicht Talāssiō.
talentum τάλαντον.
talpa.
Talthybius Ταλθύβιος vgl. θάλλω θάλος.
tamdiū.
tametsī.
tamquam und tanquam.
Tanagra.
tandem zu tam w. quandō zu quam.
tangō tetigī tāctum 3. statt tangō alt auch tago vgl. Plaut. Mil. 1092 u. Brix zu d. St. vgl. auch tagāx contingō contiguus und A. R. § 6 A 3.
tāctiō.
tāctus -ūs.
Tantalus Τάνταλος Reduplikation.

Tantalis.
tantus von tam.
tantillus von tantulus.
tantisper vgl. magis.
tantopere.
Tarās -antis.
Tarbellī Τάρβελλοι tardus.
tardēscō 3. A. R. § 6 D.
tarditās.
tardō 1.
Tarentum.
Tarentīnus Ταρεντῖνος Anth. 7, 198, 295, Taretīnās mit kurzer 2. S. Plaut. Truc. 3, 1, 5.
tarmes u. termes zu tero gehörig.
Tarpēius wie d. f. W. Tarpēia.
Tarquinius mit torqueō verwandt?
Tarquinii.
Tarracīna, auch Tarac-, vielleicht Tār-.
Tarracō.
Tarsus auch Τερσός.
Tartarus Τάρταρος Reduplikation.
tartareus.
Tartēssus Ταρτησός.
Tatiēnsēs Τατιήνσης Pl. Rom. 20.
tāxillus kleiner Würfel Deminutiv zu tālus.
tāxō 1. von tag- (tangō) tāx- = tāct-.
taxus τάξος.
Tecmēssa Τέκμησσα.
Tectosagēs Τεκτόσαγες -σάγαι.
tēctum Dach s. tego.
tegimen und tegmen, tegimentum und tegmentum vgl. A. R. § 1, § 7 B 2.
tego tēxī tēctum 3. tēctor Wilm. Ex.

inscr. 405, vgl. prōtēctor u. A.R. § 6 A 3.
tēctor.
tēctōrius.
tēctum.
Telchīnes Τελχῖνες.
Tellēna Τελλῆναι Str.
tellūs von tol- (tulī tollō).
Telmēssus Τελμησσός.
temnō 3. w. contemnō.
Tēmnus Τῆμνος.
Tēmnī, Tēmnītae.
Tempē Τέμπη.
temperō 1. wie tempus.
temperāmentum.
temperantia.
temperātiō.
temperiēs.
tempestās von tempus vgl. A. R. § 7 B 4.
tempestīvitās.
tempestīvus.
templum vgl. gr. τέμενος und tempus, τέμπλα Hesych. Suidas.
templō 1.
temptābundus vgl. A. R. § 7 B 2.
temptāmen.
temptāmentum.
temptātor.
tempus Zeit sp. tiempo, tempora Schläfe, τέμπορες D. C.
temperī.
temporālis τεμποραλίας Lyd. de mag. 2, 15.
temporārius.
Tempyra.
tēmulentus s. lentus.
tenāx -ācis.
Tencterī Τέγκτεροι Plut. Dio C.
tendō tetendī tēnsum und tentum 3. von W. ten (teneō und τείνω), ἀττένδερε

5*

Lyd. de mag. 1, 13, τέντα Zelt Const. P. de c. a. S. 341 17, 466 2, 499 16, τένδα Suidas, vgl. span. tienda Zelt, tentum = tentum v.
teneō.
tendicula.
tentīgō.
tentōrium.
tenebrae z. B. Verg. Aen. 2, 92, Τενέβριον ἄκρον.
tenebricōsus.
tenebrōsus.
teneō tenuī tentum 2.
tenerāscō 3. wie inveterāscō.
tēnsa thēnsa, θῆσσας Plut. Coriol. 25.
tēnsiō.
Tentyra Τέντυρα Str.
tepēscō 3. von tepēre.
terebinthus τερέβινθος wie hyacinthus.
terebra wie terebrō 1. vgl. Verg. Aen. 2, 38; 3, 635.
Terentius Τερέντιος z. B. CIG 3003, 3475.
Terentiānus Τερεντιανός IRN 4313, Τερεντῖνον Kuchen Athen. 14, 647 c.
Terentus (lūdī Terentīnī) nach Verrius 'a terendo', wie Tarentum Tarentini nach Zosim. 2, 1.
tergeō tersī tersum 2. u. tergō 3. mit τέρσω τέρθω trockne verw. ē nach A. R. § 6 A 3.
tersus.
Tergestē Τεργέστη Τέργεστον (App. Ill. 18), im Reim mit The-

veste Θεονέστη test. Porcelli.
tergum -ī und tergus -oris Rücken Haut Plur. zuw. tegora, vgl. Plaut. Capt. 899 und Varro d. l. l. 5, 110.
tergiversor 1.
termes wie τέρην.
Termēssus Τερμησσός, auch Termēnsēs CIL I 204.
terminus griech. τέρμα Τέρμων Plut. Numa 16, Τέρμινος und Τερμινάλια Plut. Quaest. Rom. S. 267 C, vgl. D. C. auch nach d. Romanischen c.
Terminālia.
terminātiō.
terminō 1.
ternī von ter.
Terpsichorē Τερψιχόρη.
terra zu torreō gehörig vgl. extorris, τέρα D. C. span. tierra.
terrēnus.
terrester.
terreus.
terrigena.
territōrium.
terreō 2. wie tremo und ἔτρεσα.
terribilis.
terrificō 1.
territō 1.
terror.
tersus s. tergeō.
tertius von ter, Τέρτιος CIA III 1121, 1134, 1202, franz. tiers.
tertiānus, tertiārius.
Tertullus Tertulliānus Τέρτυλλος, wie ter Tullus (Capitolin M. Aur. 29).

terūncius wie ūncia.
tesca tesquam. Τεστροῦνα (Dionys.) verwandt?
tessera.
tesserārius τεσσεράριος Plut. Galb. 24.
tēsta aus tersta von ters- (torreō).
tēstāceus.
tēstula.
tēstis aus terstis.
tēstāmentum osk. tristaamentud.
tēsticulus.
tēstificor.
tēstimōnium.
tēstor 1.
tēstu und tēstum wie tēsta.
tēstūdō wie tēsta von ters- (torreō).
tēstūdineus.
tetrarcha τετράρχης.
tetrarchia τετραρχία.
tetricus Tetrica Verg. Aen. 7, 713, Kaiser Τέτρικος.
Teuthrās -antis.
texō texuī textum 3. von W. tec (τέκνον τέχνη) vgl. practextātus, auch nach dem Romanischen c.
textilis, textor.
textrīna.
textrīnum.
textūra.
textus -ūs.
Thapsus Θάψος, aber Tampsitanorum CIL I 279 weist auf ā.
Thaumās -antis Θαύμας -αντος.
Thaumantēus.
Thaumantias.
theātrum θέατρον, vgl. Plaut. Pseud. 1081.
theātrālis.

Themistoclēs Θεμιστοκλῆς.
Theocritus Θεόκριτος.
Theognis Θέογνις.
Theophrastus Θεόφραστος.
Theopompus Θεόπομπος.
Therapnae Sil. It. 13,43.
thermae θέρμαι.
Thermaicus Θερμαικός.
Thermōdōn -ontis Θερμώδων -οντος.
Thermopylae Θερμοπύλαι.
thēsaurus und thēnsaurus θησαυρός.
Thespiae Θεσπιαί.
Thesprōtia Θεσπρωτία.
Thessalonīcē Θεσσαλονίκη.
Thessalus Θεσσαλός.
Thessalia.
Thessalicus.
Thestius Θέστιος.
Thestor Θέστωρ.
Thoās -antis.
Thoantias -adis.
thōrāx -ācis.
Thrāx -ācis u. Thrēx -ēcis.
thunnus und thynnus θύννος.
Thyestēs Θυέστης.
thyrsus θύρσος.
Tibullus wie Catullus.
Tiburnus Tiburs Tiburtus Tiburtinus v. Tibur.
Tifernum Τίφερνον Ptol. 3, 1, 53.
Tigellius, dav. Tigellīnus Τιγελλῖνος Dio C.
tigillum Ableitung von tig- (tignum).
tignum.
tignārius.
Tigrānēs wie Tigris.
Tigris Hor. c. 4, 14, 46.
tigris Hor. ars p. 393.

timēscō 3. von timēre.
tingō (tinguō) tīnxī tīnctum 3. vgl. τέγγω und A. R. § 6 A 3.
tīnctilis.
tīnctūra.
tinniō 4. wie tono.
tinnītus -ūs.
tinnulus.
tintinnābulum.
tintinnō u. tintinō 1.
Tīryns -ynthis Τίρυνς -υνθος.
tītillō 1.
tollēnō wie tollō tulī.
tollō sūstulī sublātum 3.
tollō wie tulī, sūstulī aus subs-tulī vgl. A. R. § 6 C 2 b.
Tolmidās Τολμίδας.
tondeō totondī tōnsum 2. vgl. attodisse mit 2. kurzer S. Verg. catal. 10 (8), 9.
tonitrus -ūs und tonitruum, vgl. Verg. Aen. 4, 122; 5, 694.
tōnsa tōnsilla.
tōnsor.
tōnstrīcula.
tōnstrīna
tōnsūra.
torcular wie torqueō.
tormina, tormentum ebenso.
tornus τόρνος.
tornō 1. τορνεύω.
torpeō 2.
torpēdō.
torpēscō 3.
torpidus.
torpor.
Torquātus Τόρκουατος Τορκουᾶτος Pol. Dionys. App. Dio C. CIG 369, 2977, 5884, CIA III 612, 872.
torqueō torsī tortum 2. vgl. griech. τρέπω

ἀτρεκής sowie sp. tuerea Schraubenmutter und tuerto Unrecht, byz. τόρτα τοῦρτα.
tortilis.
tortor.
tortuōsus.
tortūra.
tortus -ūs.
torquis τόρκυς Paianios.
torreō torruī tōstum 2. vgl. τέρσω τερσαίνω, tōstum aus torstum.
torrēns -entis.
torrēscō 3.
torridus.
torris.
torvus vgl. τορός.
torvitās.
toxicum τοξικόν.
trabs trabis.
trāctim von traho trāctum.
trāctō 1. ebenso.
trāctābilis.
trāctātiō.
trāctātus -ūs.
trādux -ucis.
traho trāxī trāctum 3. trāxī und trāctum von trag- vgl. trāgula Wurfspießs Varro bei Nonius S. 553.
trāctus -ūs.
trāiciō -iēcī -iectum 3.
trāiectiō.
trāiectus -ūs.
Trallēs Τράλλεις.
tranquillus gr. Τράγκυλλος.
tranquillō 1.
tranquillitās.
trāns trāns-, trānsceō trānsfuga u. s. w.
trānsduxit u. a. Inschr.

trānscendō -endī -ēnsum 3.
trānsenna.
trānsgredior -essus sum 3. vgl. gradior.
trānsgrēssiō.
in trānsgrēssū.
trānsigō -ēgī -āctum 3. vgl. ago.
trānsiliō -siluī -sultum 4.
trānsitus -ūs.
trānstrum.
trānsvectiō u. trāvectiō von trāns-veho.
trānsversārius w. trānsvertō.
Trapezūs -ūntis Τραπεζοῦς -οῦντος.
Trasumennus und Trasumēnus Ταρσιμένη Pol. Τρασουμέννα Strabo.
Trebellius Τρεβέλλιος.
trecentī triacosioi.
tremebundus vgl. A. R. § 7 B 2.
tremescō 3. vgl. contremiscō u. A. R. § 6 D.
trēssis besser trēsis wie bēsis.
triangulus s. angulus.
triceps tricipitis.
triclinium τρικλίνιον vgl. τρίπους triplex.
Tricostus Τρίκοστος Diod. von costa.
tridēns -entis.
triennium wie annus.
triēns -entis.
trifōrmis wie fōrma.
trīgintā τριάκοντα.
trilībris wie lībra.
trilinguis wie lingua.
trilīx -īcis.
trimēstris von tri-mēnstris.
Trīnacria vgl. Verg. Aen. 3, 440, 582.
Trīnacris.

Trīnacrius.
trinūndinum w. nūndinae.
triplex -icis vgl. Hor. c. 1, 3, 9.
triplus wie triplex.
Triptolemus Τριπτόλεμος.
triquetrus Sil. It. 5, 489.
trīstis trīstior CIG 6268, ital. tristo, span. franz. triste.
trīstitia.
trisulcus wie sulcus.
triumphus θρίαμβος, der Wechsel von a—u weist auf Kürze.
triumphālis.
triumphō 1.
triumvir.
triumvirālis.
triumvirātus -ūs.
trochlea τροχαλία.
Trōglodytae Τρωγλοδύται besser Trogo-.
trōssulī verwechselt mit torōsulī.
trūcta τρώκτης, auch nach dem Romau. ū.
truculentus s. lentus.
Truentum vgl. Τρουεντῖνος Strabo 5, 241.
trūlla aus truella v. trua.
truncus Subst. u. Adj. vgl. trucīdō, auch n. d. Romau. u.
truncō 1.
trux trucis.
Tubertus Τούβερτος.
tubilūstrium s. lūstrum.
tucca tuccētum (nicht tucētum) span. tocino.
Tudertēs Τουδερτία Τουδερτον.
Tullus Τύλλος vgl. Tertullus.
Tulliānum.
Tullius Τύλλιος.
tumēscō 3. von tumēre.

tumultus -ūs wie tumulus von tum- (tumēre).
tumultuor 1.
tumultuōsus.
tunc wie nunc hunc gebildet vgl. A. R. § 5.
tundō tutudī tūnsum tūsum 3. tundō w. tudēs 'ab antiquo tudo pro tundo quomodo et frago pro frango et pago pro pango' Festus.
Tungrī Tongern.
turba vergl. gr. τύρβη τυρβάζειν, auch n. dem Roman. u.
turbidus.
turbō 1.
turbō Wirbel.
turbulentus.
Turdētānī im Wortsp. m. turdus Pl. Capt. 159.
turdus, nach dem Romanischen u.
turgeō tūrsī turgēre, ū nach A. R. § 6 A 3.
turgēscō 3.
turgidus.
turma wie turba, τόρμη Hesych.
turmālis, turmātim.
Turnus gr. Τοῦρνος.
Turpilius w. turpis.
turpis wie torpeō.
turpitūdō.
turpō 1.
turris τύρρις τύρσις τύρσος, auch nach dem Romanischen u.
turrītus.
turtur Reduplikation.
Tūscī aus Turscī vgl. Etrūria und umbr. Turskum Tursce sowie ital. monti Tuscolani.
Tūsculum wie Tūscī.
Tūsculānus.

tussis.
tussiō 4.
tympanum u. typanum
(Catull) τύμπανον
u. τύπανον.
Tyndareus alt Tondrus.
Tyndaridēs.
Tyndaris.
tyrannus vgl. Sergius
de acc. S. 528 li.
tyrannicus.
tyrannis.
Tyrrhēnī Τυρρηνοί und
Τυρσηνοί.
Tyrrhēnia.
Tyrrhēnicus.

V.

vacca.
vaccīnium.
vacerra.
vacillō 1. neben vaccillō
(Lachm. Lucr. S. 37)
deutsch wanken.
vafer vafra vafrum.
valdē aus valide.
Valēns-entis Valéns CIL
III 4809, Βάλης CIA
III 111321, 111933,
Ουάληνς Fröhner
inscr. Louvre 120.
Valentia Ουαλεντία.
Valentīnus Ουαλεντῖνος, Kaiser Βαλεντινιανός.
valgus mit vergō Vergilius verwandt?
Valgius.
vallis vielleicht mit vāllum verwandt u. ā,
alt convallis.
vāllum und vāllus Wall,
Pfahl, vállari CIL
II 4509, gr. ἧλος.
vāllāris.
vāllō 1.
vallus kleine Getreideschwinge w. vannus.
valvae wie volvō volva.

vānēscō 3. von vānus
vgl. A. R. § 6 D.
vannus.
vappa wie vapor vapidus.
Varguntēius Βαργοντήιος CIA III 1276.
varix -icis.
Varrō, gr. auch Βάρων
(z. B. Themistios S.
453 Dind.).
Varrōniānus.
vāsculum von vās.
vāscellum.
vāstus aus vaestus v. vac-
(vaco) vgl. Sēstius.
vāstātiō.
vāstitās.
vāstō 1.
vatillum.
ūbertās von über.
ubicunque.
vēcors -cordis vgl. cor
cordis.
vēcordia.
vectīgal von vect- s.
veho vectum.
vectīgālis βεκτιγάλιον
gl. Bas.
vectis v. veho vectum.
Vēctis (Insel Wight)
Ουηκτίς.
vēgrandis vgl. vēcors
und grandis.
vehemēns -entis und
vēmēns -entis.
vehementia.
veho vexī vectum 3. vgl.
Gellius (oben S. 6).
vectiō.
vectō 1.
vector.
vectūra.
Vēientēs Ουηιεντανοί.
Vēlābrum vgl. Plaut.
Curc. 483.
vēlāmentum w. vēlāmen.
Vélitrae jetzt Velletri.
Veliternus Ουελιτερνός Athen.

Vellēia Βελεία Βελία
Phleg.
VellēiusΟυελλεῖος Ουελλήιος vgl. CIG 3748,
4494.
vellō vellī(volsī) volsum
3. nach dem Wechsel
von o zu e.
vellicō 1.
vellus vgl. villus vellō.
vēlōx -ōcis.
Venāfrum -āfrum =
-ābrum A. R. §7 A 2.
vēndō 3. aus vēnum dō.
vēndibilis.
vēnditiō.
vēnditō 1.
vēnditor.
veniō vēnī ventum 4.
ventitō 1.
Vennōnius Ουεννώνιος
Dionys.
venter γέντερ Hesych.
ventriculus.
Ventidius Ουεντίδιος.
Ventō Ουέντων Plut.
ventus vgl. Suidas Βενεβεντός.
ventilō 1.
ventōsus.
vēnumdō 1. besser vēnum dō.
venustus von venus,
Βέννυστος CIG 266
CIA III 1229 20, Βένυστα CIG 3653.
venustās vgl. Terent.
Hec. 5, 4, 8.
veprēs Hor. ep. 1, 16, 9.
veprēcula.
vērāx -ācis.
Verbānus (lacus) Ουερβανός Pol. Strabo.
verbēuae.
verbera.
verberō 1.
verbum vgl. gr. εἴρω
ἐρῶ.
verbōsus.

Vercellae Ούέρκελλοι Βερκέλλαι.
Vercingetorix-igis Ούερκιγγέτοριξ Strabo Ούεργεντόριξ Plut.
verēcundus A. R. § 7 B 2.
verēcundia span. verguenza.
vergiliae von vergō wie Vergilius.
Vergilius Ούεργίλιος Βεργίλιος.
Verginius Ούεργίνιος.
vergō vērsī 3. wie Vergilius.
vermina wie vermis.
Vermina Ούερμινᾶς App.
vermis Wurm, nach dem Romanischen e.
vermiculus.
verna ούέρνα βέρνα CIG 3095.
vernaculus βέρνακλος Lyd. de mens. 4, 25, de mag. 1, 44.
vernīlis.
vernula.
vērnus von vēr ἠρινός.
vēruō 1.
verrēs ούέρρης Plut. Cic. 7.
Verrēs Verrius Ούέρρης Ούέρριος CIG 5838.
Verrīnus.
verrō verrī versum 3. vgl. ἔρυσα ἐρύσασθαι.
verriculum.
verrūca.
verrucōsus Βερούκωσος Dio C. Plut.
Verrūgō Ούερρ- u. Ἐρρ- Diodor.
versō versor 1. s. vertō.
versābilis.
versātilis.
versus -ūs Furche Vers wie vertō, auch n. d. Romanischen e.

versiculus.
versificō 1.
vertebra wie vertō.
vertex u. vortex -icis ebenso.
verticōsus.
vertō vortō vertī versum 3. davon Ούερτῖναι Strabo, vgl. diversus, auch nach dem Umbrischen u. Romanischen e.
versicolor.
versō versor 1.
versūra.
versūtus.
vertīgō.
vertragus ούέρτραγοι Arrian cyn. 3.
Vertumnus (Vort-)Participialbildung von vertō vgl. alumnus.
vervēx -ēcis.
vescor 3.
vēscus von vc u. ēsca?
Vesontiō Ούεσοντίων Dio C. 63, 24.
vespa σφήξ.
Vespasiānus Ούεσπασιανός Βεσπασιανός.
vesper vespera ἔσπερος ἑσπέρα, auch nach dem Romanischen e.
vesperāscō 3. vgl. A. R. § 6 D.
vespertīnus.
vespertiliō von vesper.
vespillō bei Festus S. 368 von vesper abgeleitet, Ούισπ- Dio C. ind. 54.
Vesta Ἑστία.
Vestālis.
vester alt voster span. vuestro, auch der Uebergang v. o zu e weist auf Kürze bei-

der Vokale. Wie vester auch vestrī vestrum Gen. zu vōs.
vestrās.
vestibulum vgl. prōstibulum.
vestīgium wohl zu στείχω gehörig.
vestīgō 1.
Vestīnī Ούηστῖνοι Strabo App. CIG. 5900.
vestis gr. ἐσθής, byz. βέστης.
vestiārius βεστιάριον Suidas u. byz. oft.
vestimentum.
vestiō 4. auch nach d. Romanischen e.
vestītus -ūs.
veternus vgl. vetus veteris.
veternōsus.
Vettius Ούέττιος Βέτ-.
Vettones Ούέττονες.
vetustus von vetus.
vetustās vgl. Plaut. Poen. 3, 3, 87.
vēxillum Deminutiv zu vēlum, véxillo Or. Henzen 6490, byz. βήξιλλα βήξιλα βίξιλα (Meurs gloss. graecobarb. S. 108), ούηξιλλατί(ω)σιν CIG 4483, vgl. Lyd. de mag. 1, 46.
vēxillārius βηξιλλάριος CIG 4093.
vexō 1. = vectō von veho vectum.
vexātiō.
Ufēns -entis.
Ufentīna Ούφεντείνα.
vībix -īcis.
vibro 1. vgl. Ov. met. 3, 34.
viburnum vgl. vimen und A. R. § 7 B 3.
vicissim wie vicis.

vicissitūdō ebenso.
victima wie victor.
victimarius.
victor v. vinco victum.
victoria.
Victōrīnus.
victrīx -īcis.
victus -ūs Lebensunterhalt v. vivō victum.
Vienna Ούιέννα Βίεννα.
vigēsco 3. von vigēre.
vigilāns -antis.
vigilantia.
vigilāx -ācis.
vīginti είκοσιν.
vīlēsco 3. von vīlis abgeleitet s. A.R. § 6D.
villa, ital. span. villa franz. ville, davon vīlicō vīlicor 1. u. vīlicus vīlicus CIL VI 56.
villus -ī vgl. vellus.
villōsus.
vinciō vinxī vinctum 4. wie vincō.
vinco vici victum 3. vgl. pervicāx; auf spätlat. Inschriften freilich erscheinen victum und seine Ableitungen invictus victoria u. s. w. häufig mit I.
victor.
vinculum von vinc-(vinciō).
Vindelicī, auch Βενδελίκός u. Vendo- neben Vindo- in keltischen Namen.
vindēmia wie vīnum und dēmō.
vindēmiālis.
vindēmiātor.
vindex -icis von vin (venia)-dic-,Βίνδιξ Ούίνδιξ.
vindiciae.

vindicō 1.
vindicta βενδίκτα D.C.
vīnolentus s. lentus.
vīnolentia.
violēns -entis, violentus s. lentus, Gen. Βιόλεντος Fasti J. 447 u. c.
violenter.
violentia.
Vīpsānius Vīpsanius CIL VI 1058,5,113,Βειψάνιος CIG 5709.
Vīpstānus Vīpstanus CIL VI 2039, 22, 2041, 35,43,VIpstaniusVI 2042, 15, Ούειψτανοῦ CIG 5837, CIA III 621.
Vīrbius? teils von vir u. bis, teils von ήρως u. βίος abgel.
virectum wie frutectum.
virēsco 3. von virēre.
virga βέργα Const. P. de c. aul. S. 10, 2,4; 23, 4 und sonst oft.
virgula.
virgultum, virgultus.
virgō wie vir virāgō, freilich vIrginum CIL VI 2150.
virginālis.
virgineus.
virginitās.
virtūs -ūtis wie vir, auch nach Priscian S. 7, 19 i, freilich vIrtutis CIL VI 449.
viscum ίξός ital. portug. visco span. hisca.
viscus -eris vīscera CIL VI 1975.
viscerātio.
Vīstula Weichsel.
Visurgis Weser.
Vitellius Ούιτέλλιος Βιτέλλιος.
Vitellīnus Βιτελλίνος.

vitellus von vitulus.
vītex -icis.
vitricus.
vitrum Hor. c. 1, 18, 16.
vitreus.
Vitruvius.
vitta span. portug. beta prov. veta.
vittātus.
vīvāx -ācis.
vivēsco 3. vgl. revīvisco und A. R. § 6 D.
vīvō vīxī victum 3. vIxit CIL II 3449, 3675, VI 2188, 3298 und sonst oft,vIxitCILV 7430, veixit II 3537.
victus -ūs.
vix i nach Priscian S. 7, 19.
ulciscor ultus sum 3. von ulc- vgl. ulcus und A. R. § 6 D.
ultiō.
ultor.
ultrīx -īcis.
ulcus = έλκος.
ulcerō 1.
ulcerōsus.
Ulixēs wie Όδυσσεύς (Όδυσεύς), Uthste.
ūllus aus ūnulus, ūlla CIL II 1473.
ulmus deutsch elm, ilme.
ulmeus.
ūlna = ώλένη.
Ulpius Όλπία CIG 5200 neben dem sonst üblichen Ούλπιος.
Ulpiānus.
ultrā ultrō, ūltra in der Rede des K. Claudius Boissieu Inscr. d. L. S. 136, ouls (Hs.ouis) Varro l. l. 5, 50.
ūlterior.
ūltimus.
ulva Schilf wie ūligo.

Ulubrae vgl. Hor. ep. 1, 11, 30.
umbilicus wie ὀμφαλός.
umbō vgl. ἄμβων und d. v. W.
umbra wie Umbrī Plaut. Most. 770.
umbrāculum.
umbrāticus.
umbrātilis.
umbrifer.
umbrō 1.
umbrōsus.
Umbrī Ὄμβροί Ὀμβρικοί.
Umbria.
Umbricius Ὀμβρίκιος.
Umbrō jetzt Ombrone.
ūmectō 1.
ūmectus.
ūmēscō 3. von ūmēre.
ūncia wie ūnicus.
ūnciālis.
ūnciārius.
ūnctiō s. ungō.
uncus Haken, krumm, vgl. ὄγκος und angulus.
uncīnus ὀγκῖνος.
unda, nach dem Romanischen u.
undō 1.
undōsus.
unde vgl. Plaut. Mil. 686, Prisc. 15, 30 S. 83 ll. Isid. etym. 1, 17, 3, auch nach dem Romanischen u.
undecunque.
undique.
ūndecim = ūnus decem.
ūndecimus u. s. w.
ūndēvīgintī = ūnus dē vīgintī.
ūndētrīgintā u. s. w.
ungō ūnxī ūnctum 3. vgl. Gell. N. A. 9, 6 (oben S. 6).
unguen.

unguentārius.
unguentum.
ūnguis ὄνυξ, aber wie ūngula it. unghia sp. uña.
ūniversus siehe vertō versum.
ūniversitās.
unquam, umquam von quom cum, vergl. quondam quoniam.
ūnus quisque.
Vocontiī Βοκόντιοι, Βοκόντιε CIG 3470.
Volāterrae Οὐολατέρραι.
Volcacius Βολκάκιος App. Ill. 27.
Volcānus vgl. kret. ϝελχανός.
Volcānius.
Volcī Οὐόλκοι.
volgus.
volgāris.
volgivagus.
volgō.
volgō 1.
volnus wie vellō.
volnerō 1.
volo velle.
volpēs, die roman. Formen weisen auf vulpēs mit u.
volpēcula.
Volscī Ὄλσοι Οὐόλσκοι Οὐολοῦσκοι.
volsellae v. vellō volsum.
Volsiniī Οὐολσίνιοι.
Voltīnia Ὀλτεινία Οὐελτινία.
voltur Voltur wie vellō und Volturnus, roman. vultur mit u.
volturius.
Volturnus Οὐόλτουρνος.
voltus -ūs von volvō, roman. vultus mit u.
voltuōsus.

volucer -ucris -ucre.
Volumnius Οὐολόμνιος Diod. Plut.
Volumnia.
voluntās vergl. Plaut. Trin. 1166, Pseud. 537, Stich. 59.
voluntārius.
volva βόλβα Anth. P. 11, 410.
volvō volvī volūtum 3.
voluptās von volup vgl. Pl. Most. 249, 294, Amph. 939 u. a.
voluptārius vgl. Plaut. Mil. 642.
Vopiscus wie prīscus, Οὐοπεῖσκος Οὐοπίέσκος.
vorāx -ācis.
vōx vōcis.
Urbinia Ὀρβινία Dionys.
urbius clivus (Liv. 1, 48) ὄρβιος Dionys. 4, 39.
urbs urbis vgl. Urbinia.
urbānitās.
urbānus.
urbicus.
ūrceus von ōrca, goth. aurkeis.
ūrceolus.
urgeō ūrsī 2. vgl. gr. ὀργάζω, ūrsī nach A. R. § 6 A 3.
Urgō Ὀργών Steph. Byz.
ūrna wie ūrinātor Taucher, byz. freilich ὄρνα bei Const. P. oft, auch spätl. orna.
ūrnula.
ūrō ūssī ūstum 3.
ūstulō 1.
ūstrīna.
Ursō span. Osuña.
ursus span. oso gr. ἄρκτος.
ursa.

ursīnus.
úrtīca von ūrō.
ūspiam und
ūsquam wie ūsque.
ūsque, us aus quoz (vgl.
   umbr. puse, osk. puz
   pous, pael. puus) wie
   uter πότερος.
ūstrīna s. ūrō.
ūsūrpō 1. aus ūsū- rap-
   (rapiō).
ūsūrpātiō.
utcunque.
ūtēnsilis von ūtor.
uter utris: zwar Lucil.
   u. die folg. Dichter

ū, aber vgl. uterus,
   ital. otre.
utriculus Schlauch u.
   Bauch.
uter utra utrum.
utercunque.
uterque.
utervīs.
utrimque.
utrobīque.
utrōque.
utrum.
ut pote 2 Wörter.
ūvēscō 3. von ūvēre.
uxor vgl. Plaut. Merc.
   244, Rud. 895, oxor

CIL V 6305, 6271 a,
   auch nach dem Ro-
   manischen u.
uxōrius.

X.

Xenophōn -ōntis Ξενο-
   φῶν -ῶντος.

Z.

Zacynthus Ζάκυνθος
   röm. Saguntum.
ziugiber ζιγγίβερις ital.
   zenzero span. gen-
   gibre.
zōstēr ζωστήρ.

Verzeichnis
derjenigen Wörter, welche naturlangen Vokal vor mehrfacher Consonanz haben*).

a.

acatalēctus.
ācta āctiō.
āctūtum.
Adrāstus.
āgnōscō 3.
Alcēstis.
Alēctō.
aliōrsum.
alīptēs.
Amāzōn.
amnēstia.
Āmsanctus.
amȳgdala.
anāgnōstēs.
ānfrāctus.
ānxius.
Ānxur.
Āppulus Āpulus.
Aquīllius.
arātrum.

ārdeliō.
ārdeō 2.
Arginūssae.
Arrūns Ārūns.
āscendō 3.
āscia.
Asclēbiadēs.
Asculum.
āspernor 1.
āsportō 1.
āssus.
āstus -ūs.
āstūtus.
āthla.
ātrium.
āxāmenta.
āxilla.
āxis.

b.

balbūttiō balbūtiō 4.
bārdus.

bārrītus bārītus.
bēllua bēlua.
bēssis bēsis.
Bēssus.
bēstia.
Bētriacum.
bilībris.
Billius.
bimēnstris bimēstris.
Bovillae.
brāccae brācae.
būprēstis.
būstum.
Būthrōtum.

c.

cabāllus.
calūmnia.
cārrus.
cārrūca.
Cāssandra.
Cāssiopē.

---

*) Weggelassen sind: 1) die Ableitungen wie inlūstrō mīssiō, 2) die Wörter, welche langen Vokal haben vor gn gm nf ns (A. R. § 1), 3) die Wörter auf āx ēx īx ūx sowie die griech. Wörter auf ūs -ūntis u. ōn- ōntis (A. R. § 2), 4) die Verba mit Mediastämmen, welche im Perf. und Sup. langen Vokal haben mit ihren Ableitungen (A. R. § 6 A 3), 5) die Inchoativa auf āsco ēsco īsco (A. R. § 6 D), 6) die einzelnen Flexionsformen mit langem Vokal wie īsdem Dat. Plur. amāssem u. s. w. (A. R. § 6 B 2 u. 3), ēssem rediissem redīssem u. s. w. (A. R. § 6 E).

catalēcticus.
catēlla.
catīllus.
Cēphīssus Cēphīsus.
cēssō 1.
cētra.
Charōndās.
chīrūrgus.
cicātrīx.
Cīncius.
cīppus cīpus.
clāssis.
 clāssicum.
clātrī.
Cnōssus.
cōgnōscō 3.
cohors und chōrs.
collēcta.
compēscō 3.
cōnfēstim.
cōniunx.
cōntiō.
corōlla.
crābrō.
crāstinus.
crēscō 3.
Crēssa.
Crēssius.
crībrum.
crīspus.
 Crispīnus.
Crīssa Crīsa.
crūsta.
crūstum.
cūnctus.
cūstōs.

d.
dāmma dūma.
dēfōrmis.
dēlūbrum.
Dēmētrius.
dēstinō 1.
deūnx.
dēxtāns.
dextrōrsus.
dictērium.
diēspiter.
dilēmma.

dīscidium.
dīscipulus.
dīscō 3.
dīscrībō 3.
dīspiciō 3.
dīstinguō 3.
dīstō 1.
dīstringō 3.
dōdrāns.
dolābra.
duūmvir.
Dyrrachium.

e.
ēbrius.
eclīpsis.
ēlixus.
ēnōrmis.
epidīcticus.
Erīnuys Erīnys.
ēsca.
Ēsquiliae.
Etrūscus.
existimō 1.
exōrdium.
exōstra.
expērgiscor 3.

f.
fāstīgium.
fāstus -ūs Stolz.
 fāstīdium.
fāstus erlaubt.
fatīscō fatīscor 3.
fēllō fēlō.
fēstīnō 1.
fēstīnus.
fēstūca.
fēstus Fēstus.
Fībrēnus.
fīctilis.
fīrmus Fīrmus Fīrmum.
fīssilis.
fīstūca.
fīstula.
flābrum.
flūctus.
fōrma.
fōrmōsus.

fōssa.
frūctus -ūs.
frūstrā.
frūstum.
fūlmen.
fūrtum.
fūscina.
Fūscius.
fūscus Fūscus.
fūstis.
fūttilis fūtilis.

g.
gārriō 4.
gārrulus.
Garūnna Garūna.
geōgraphia.
geōrgicus.
gībbus.
glīscō 3.
glōssārium.
glōssēma.
glūttiō glūtiō 4.
grāllae.
grāssor 1.
grūnniō grūndiō 4.
gūstō 1.
gūstus -ūs.

h.
Halicarnāssus.
hāllūcinor hālūcinor 1.
Hellēspontus.
hēlluō hēluō.
hīllae.
hīrcus.
Hīrpī.
 Hīrpīnī.
hīrsūtus.
Hīrtius.
hīrtus.
hīscō 3.
Hispellum.
hīspidus.
Hispō Hispulla.
hōrnus.
hōrsum.
Hūnnī Hūnī.

i.

iātralīpta.
iēntāculum.
iēntātiō.
īgnōscō 3.
llīssus llīsus.
illōrsum.
Illyria.
immō īmō.
īnfēstus.
īnfōrmis.
inlūstris.
īnstīllō 1.
īnstīnctus -ūs.
intervāllum.
intrōrsum.
involūcrum.
Iōlcus.
īrāscor 3.
istōrsum.
iūglāns.
iūncus.
Iūppiter.
iūrgō 1.
  iūrgium.
iūstus.
  Iūstīnus.
iūxtā.
  iūxtim.

l.

lābrum Becken.
laevōrsum.
lāmna.
lārdum.
Lārīssa Lārīsa.
lārva.
lāscīvus.
lāssus.
lātrīna.
lātrō 1.
lavābrum.
lavācrum.
laxus.
  lāxō 1.
lēctiō lēctor.
lēmma.
lēmniscus.

Lēmnos.
lentīscus.
libra.
līctor.
līmpidus.
littera.
līxa Wasser.
līxīvus.
longīnquus.
lūbricus.
lūcta.
lūctus -ūs.
lūscinia.
lūstrum Sühnung.
  lūstrō 1.
lūxus -ūs.
  lūxuria.
Lycūrgus.
Lyncēstae.

m.

māctus.
  mācto 1.
mālle.
manifēstus.
Mānlius.
manūpretium.
Mārcellus.
Mārcus.
Mārs Mārtis.
Mārsī.
Mārtiālis.
māssa.
māxilla.
māximus.
māza.
mercēnnārius.
Mermēssus.
Mesēmbria.
Messālla.
Mētrodōrus.
mētropolis.
mīlle.
mīlvus.
mīsceō 2.
mīttō 3.
Mōstellāria.
mūccus mūcus.
mūcrō.

mūlctra mūlctrum.
mūlleus.
mūsca.
mūscerda.
mūsculus.
mūscus.
mūssō 1.
mūstēla.
Mycalēssus.

n.

Nārnia.
nārrō 1.
nāscor 3.
nāssa.
nāssiterna nāsiterna.
nāsturcium.
nefāstus.
nīctō nīctor 1.
nōlle.
nōndum.
nōngentī.
nōnue.
Nōrba.
nōrma.
nōscō 3.
nūllus.
nūncupō 1.
nūndinae nūndinum.
nūntiō 1.
  nūntius.
nūptiae.
nūsquam.
nūtriō 4.
  nūtrīx.
Nȳssa Nȳsa.

o.

Oenōtria.
ōlla.
ōrca.
orchēstra.
ōrdior 4.
ōrdō.
ōrnō 1.
ōscen.
ōscitō 1.
ōsculum.
ōsculor 1.

ōstendō 3.
Ōstia.
ōstium.
ōstrum.
ovīllus.
Ōxus.

p.

palimpsēstus.
palūster.
pānnus pānus.
paradīgma.
Parnāssus Parnāsus.
pāscō 3.
pāssim.
pāssus -ūs.
pāstillus.
pāstor.
   pāstus -ūs.
pāxillus.
pēgma.
pērgō 3.
perīclitor 1.
Permēssus.
pēssum dō 1.
Phoenīssa.
pīctor.
pīlleus -um pīleus -um.
pīnguis.
pīstor.
Pīstōria.
pīstrīna.
plēbs.
plēctrum.
Plēmmyrium.
Plīstenēs.
plōstellum.
poētria poētris.
pollīnctor pollīctor.
Pōlliō.
pōsca.
pōscō 3.
pōstulō 1.
Prāxitelēs.
prēndō 3.
prīmōrdium.
prīnceps.
Prīsciānus.
prīscus.

prīstinus.
prōcēssus -ūs.
prōcīnctus -ūs.
Procrūstēs.
profēstus.
prōlīxus.
prōmīscuus.
prōmptus.
propīnquus.
prōrsus prōrsum.
prōsper.
prōtēctor.
Pūblicola.
pūblicus.
Pūblius.
pūlmō.
pulvīllus.
pūrgō 1.
pūstula pūsula.

q.

quārtus.
quiēscō 3.
quīnctīlis, Quīnctilius.
quīncūnx.
quīnquātrūs.
quīnque.
quīndecim.
quīntus Quīntiliānus
   u. s. w.
quīppe.
quōrsus.

r.

rāstrum.
reāpse.
recēssus -ūs.
rēctus.
retrōrsum.
rīctus -ūs.
rīxa.
   rīxor 1.
rōscidus.
Rōscius.
rōstrum.
Rōxanē.
rūctō rūctor 1.
rūrsus.

rūscus.
rūsticus.

s.

Sāllentīnī Sālentīnī.
Sāllustius Sālustius.
Sārmatae.
Sārsina Sāssina.
scēptrum.
scīscō 3.
scrīptor.
sēcēssiō.
sēlla.
sēmēstris.
sēmūncia.
septūnx -ūncis.
sēscentī.
sēscūncia.
sēscuplus.
Sesōstris.
sēsqui.
sēssiō.
sēstertius.
Sēstius.
Sēstos Sēstiī.
simulācrum.
sīnciput.
sinistrōrsus.
sīstrum.
sōbrius.
Sōcratēs.
sōlstitium.
Sōphrōn.
Sōrnātius.
sōspes.
Sphīnx.
spīnter.
stānnum stāgnum.
stīlla.
strēnna strēna.
strūctor.
stūppa stūpa.
subsēllium.
succēssus -ūs.
suēscō 3.
suīllus.
sūmptus -ūs.
supellēx -ēctilis.
sūpparum sūparum.

sūrculus.
sūrgō 3.
sūrsum.
sūscipiō 3.
sūscitō 1.
sūspicor 1.
sūstineō 2. u. s. w.
sūsque dēque.
Sūtrium.
syllēpsis.

t.

tāctus -ūs.
Tartēssus.
tāxillus.
tāxō 1.
Tecmēssa.
tēctum.
Telmēssus.
Tēmnos.
Termēssus.
tērsus.
terūncius.
tēsta.
tēstis tēstor 1.
tēstū tēstum.
tēstudō.
theātrum.

Thrēssa.
trāctō 1.
trēssis trēsis.
trimēstris.
trinūndinum.
trīstis.
trōssulī.
trūcta.
trūlla.
Tūscī.
Tūsculum.

u. v.

vāllum vāllus.
vāsculum.
vāstus.
 vāstō 1.
Vēctis.
vēgraudis.
Velābrum.
Venāfrum.
vēndō 3.
vērnus.
vēstibulum.
vēstīgium.
Vēstīnī.
vēxillum.
victus -ūs.

villa.
vindēmia.
Vīpsānius.
Vīpstānus.
vīscera.
vīscum.
Vīstula.
ūllus.
ūlna.
ūltra.
 ūlterior u. s. w.
ūlva.
ūncia.
ūndecim.
 ūndēvīgintī u. s. w.
ūnguis.
ūngula.
Vopīscus.
ūrceus.
ūrna.
ūrtīca.
ūspiam ūsquam.
ūsque.
ūstrīna.
ūsūrpō 1.

z.

zōstēr.

Druck von W. Pormetter in Berlin C., Neue Grünstrafse 30.